Das Werkbuch

Das Werkbuch

Kreatives Gestalten
mit Kindern im
Grundschulalter.
Ein gutes Handbuch
gehört dazu.

Seit mehr als 30 Jahren
steht der Name
"Christophorus" für
praxisbezogene
Literatur zur kreativen
Freizeit. Genauso wie
dieser Band ist jeder
Titel aus dem
Christophorus-Verlag
mit viel Sorgfalt
erarbeitet. Das erklärt,
warum unsere Bücher
jährlich so vielen
zufriedenen Lesern
Freude bereiten.

CHRISTOPHORUS
BÜCHER MIT IDEEN

Sabine Latorre•Annerose Naber

DAS

Werkbuch

Kreatives Gestalten
mit Kindern
im Grundschulalter

In Zusammenarbeit mit

Inhalt

Sammeln und kreativ verwerten

Feste

Vorwort

Das Werkbuch ist eine wichtige Hilfe für Pädagogen, Erzieher und für alle, die kreativ mit Kindern arbeiten. Es orientiert sich an der praktischen Nutzanwendung und bietet phantasievolle Gestaltungsideen. Alle Materialien und Hilfsmittel wurden von der ÖKO-TEST-Redaktion auf ihre Umweltverträglichkeit überprüft. Wichtige Informationen gibt die Tabelle zur Aufbewahrung und Entsorgung der Materialien sowie zu ihren jeweiligen Vor- und Nachteilen bei der Handhabung und Produktion.

Werken und kreatives Gestalten in der Grundschule

Die Entwicklung kreativer Fähigkeiten ist Aufgabe aller Unterrichtsfächer, besonders aber wird sie im Rahmen bildnerischer Gestaltung gefördert. Der Werkunterricht, der neben den geistigen auch praktische Fähigkeiten und Fertigkeiten einbezieht, kann für die intellektuelle Beanspruchung der meisten anderen Fächer einen Ausgleich schaffen. Dabei führt die eigene Arbeit im besonderen Maße zu Sensibilität im geistigen, wahrnehmenden und sozialen Bereich. Das freie oder zweckgebundene Gestalten schult die sensorischen Fähigkeiten, es werden Wertmaßstäbe entwickelt, die das Erkennen formaler Qualität ermöglichen. Erfahrungen und Übung in der Handhabung feiner und komplizierter Werkzeuge kommen als Kompetenzerweiterung hinzu.

Gestaltungsfähige Materialien

Das Arbeitsmaterial für den Unterricht wird nach seiner Beschaffenheit und den gestalterischen Möglichkeiten, die es bietet, ausgewählt. Denn mit jedem Material können spezifische Erfahrungen und Erkenntnisse vermittelt werden.
Zu Beginn steht zunächst die gemeinsame Erarbeitung der Eigenheiten der Materialien. Sie sind in diesem Buch zu Beginn jeder einzelnen Grundtechnik genau beschrieben, so daß die Auswahl gezielt erfolgen kann.
Die Materialien sind Rohstoffe der Erdmaterie und somit wertvoller Besitz, der nur beschränkt vorhanden ist. Das Schonen von Ressourcen hat darüber hinaus auch eine wichtige ökologische Komponente. Die Beiträge der ÖKO-TEST-Redaktion geben detaillierte Informationen zu umweltfreundlichen und umweltschonenden Materialien und Hilfsmitteln. ÖKO-TEST erklärt, worauf schon bei der Auswahl und beim Kauf zu achten ist.
Die verwendeten Werkstoffe prägen und bestimmen den hergestellten Gegenstand in seinem Aussehen und seiner Zweckmäßigkeit. Deshalb spielen die Eigenschaften der Arbeitsmaterialien eine wesentliche Rolle. Darüber hinaus führt die Frage nach weiterer Verwendungsmöglichkeiten zum experimentellen Umgang mit dem Werkstoff, der die Phantasie herausfordert und zu neuen Ideen anregt. Jeweils am Ende einer Technikbeschreibung geben die "weiterführenden Ideen" dazu Anleitungen und Tips.

Notwendige Werkzeuge

Funktion und Gebrauch der benötigten Werkzeuge sind häufig noch unbekannt. Sie müssen erklärt und geübt werden. Deshalb werden im Kapitel "Grundtechniken" Eigenschaften, Handhabung sowie Einsatzmöglichkeiten von Werkzeugen genau beschrieben. Besonders berücksichtigt wird dabei ihre Eignung im Hinblick auf das Werkverfahren, da es für einige Arbeiten Spezialwerkzeuge gibt.

Planung und Ausführung

Eine gute Vorbereitung gehört zum Werken dazu. Dabei wird zweckgerichtetes logisches Denken der Kinder angeregt.

Die einleitenden Kurztexte geben vorab einen Überblick zur jeweiligen Werkarbeit oder Arbeitstechnik. Altersangaben helfen zudem bei der Auswahl. Die Zeitangaben dienen zur Orientierung, denn je nach Gruppengröße und Vorkenntnissen können sie variieren.

Vor Arbeitsbeginn muß genügend Zeit eingeplant werden, um über die Ideen der SchülerInnen zu sprechen, über Möglichkeiten der Ausgestaltung und der Verwendung. Die einzelnen Arbeitsschritte werden ausführlich besprochen. Ein Modell oder eine Abbildung des Gegenstandes, der erarbeitet werden soll, kann zur Motivation gezeigt werden. Die SchülerInnen sollten ermuntert werden, selbständig zu gestalten und nur soviel Hilfestellung erhalten, wie nötig ist. Die Ausführung der Arbeiten fördert den Erwerb manueller Geschicklichkeit und schult den Blick für Konstruktion, Funktion, Form- und Farbgebung. Das Werken führt zu einem konkreten Ergebnis, was als sehr befriedigend erlebt wird.

Rahmenbedingungen

♦ Es sollte genügend Material vorhanden sein. Einen sorgfältigen und sparsamen Gebrauch schließt dies durchaus ein.

♦ Kleine Unfälle können immer vorkommen, man sollte darauf vorbereitet sein und den Erste-Hilfe-Kasten kennenlernen und überprüfen.

♦ Zur gestalterischen Arbeit gehört das Aufräumen dazu. Beispielsweise Pinselreinigen, Farbflecke entfernen oder Sägespäne aufkehren sollte für die SchülerInnen selbstverständlich werden.

Reflexion

Abschließend wird die Wirkung, die das Werkstück auf den Betrachter hat, besprochen. Dazu gehören auch die Überlegungen, wie diese Wirkung erzeugt wird und welche allgemeine Bedeutung für die Realität daraus abgeleitet werden kann. Der Vergleich mit den Arbeiten der MitschülerInnen macht deutlich, daß es viele weitere Möglichkeiten gibt, mit dem gleichen Werkstoff zu verfahren. Die Verarbeitung des Materials, die Verwendung der Ergebnisse und die damit verbundenen Aussagen führen zu einer kritischen Wertung der eigenen Fähigkeiten. So umfaßt die Ab-

schlußbesprechung Rückmeldung, Würdigung der Leistung und Kritik.

Jahresplaner

Alle Werkmodelle und Techniken sind in einem Jahresplaner zusammengefaßt. Je nach Anlaß oder Jahreszeit lassen sich schnell und übersichtlich Bastelarbeiten für die entsprechenden Altersgruppen auswählen. Der Jahresplaner ist die ideale Ergänzung und Unterstützung der Unterrichtsvorbereitung des Lehrers.

Umweltgerechtes Werken

Bereits im frühen Schulalter lernen die Kinder, daß Papier geschnitten, gefaltet und geklebt, Holz dagegen gesägt, geschraubt oder geleimt wird. In der richtigen Verarbeitung der verschiedenen Materialien können sie mit Formen und Farben experimentieren und gleichzeitig an umweltgerechtes Verhalten herangeführt werden.

Indem die Kinder z.B. aus Zeitungsabfällen „neues" Papier oder Spielzeug herstellen, erfahren sie etwas über die Möglichkeiten und Grenzen des Abfallrecyclings. Beim Sammeln und Bearbeiten von Naturmaterialien steht konkrete Naturerfahrung im Mittelpunkt. Jahreszeitengemäß bieten Wald, Feld und Strand „Werk"materialien im Überfluß. Die bewußte Auswahl umweltverträglicher Materialien sowie die Einbeziehung von Rest- und Abfallprodukten kann auch bei der Entwicklung einer umweltgerechten Lebensgestaltung helfen. Von klein auf lernen die Kinder, daß es Sinn macht, Abfall zu vermeiden bzw. getrennt zu sammeln, sparsam mit Materialien umzugehen sowie umweltgerechte Produkte und Arbeitsmittel (Spielzeug, Farben, Kleber) zu bevorzugen.

Umwelterziehung, die auf den Aufbau einer positiven Werthaltung im Umgang mit Natur und Umwelt zielt, ist heute auch Bestandteil vieler Lehrpläne für die Schulen. Diesen Ansprüchen in der Alltagspraxis gerecht zu werden, sich im Wust der angebotenen Produkte zurechtzufinden, ist aber nicht immer ganz einfach. Nicht zuletzt deshalb, weil sich viele Bastel- und Werkutensilien zwar als unbedenklich anpreisen, dann aber problematische Stoffe enthalten oder ihre tatsächliche Zusammensetzung nicht bekannt geben.
Von Vorteil sind deshalb Materialien, die sich u.a. in Naturwarenläden und ÖKO-Baumärkten finden, wenn ihre Inhaltsstoffe voll deklariert sind und im wesentlichen aus nachwachsenden Rohstoffen bestehen. Dies ist insbesondere für Farben, Lacke und Klebstoffe, die z.B. problematische Lösemittel und Konservierer enthalten können, relevant.

Denn selbst Lackfarben, die das Umweltzeichen „Blauer Engel" tragen, können z.B. noch Anteile gesundheits- und umweltbelastender Chemikalien enthalten. Auch das "CE"-Zeichen garantiert keine völlige Schadstofffreiheit. Dieses Zeichen regelt nach den Richtlinien der Euronorm EN 71 die Sicherheit von Spielwaren. Wer Produkte für Kinder in den Handel bringt, muß das "CE"-Zeichen aufdrucken und das Einhalten der Vorschriften garantieren. Diese begrenzen u.a. den Einsatz von schwermetallhaltigen Farbpigmenten, fordern speichelfeste Farben und Lacke, begrenzen den Weichmacheranteil bei Kunststoffen auf 50%. Sie enthalten aber beispielsweise keine Festlegungen zu dem allergisierenden und krebsverdächtigen Formaldehyd oder zu den gefährlichen Azofarben.

Dennoch kann es ansatzweise bei der Orientierung helfen, insbesondere wenn es für Farben aus dem Hobby- und Heimwerkerbereich angewandt wird. Einige Hersteller – gerade auch von Naturfarben – lassen ihre Farben testen und können Prüfzeugnisse von unabhängigen Labors vorlegen und/oder haben zusätzlich Qualitätsnormen aufgestellt, die sich am Lebensmittel- und Bedarfsgegenständegesetz bzw. an Kosmetikinhaltsstoffen orientieren.

Zum bewußten Einkauf gehören auch Überlegungen zu Lagerung und Entsorgung der Materialien. Farbreste gehören prinzipiell nicht ins Abwasser. Sie sollten, eventuell in kleinere Gebinde abgefüllt, gut verschlossen und kühl gelagert sowie nach Möglichkeit aufgebraucht werden. Nicht mehr verwendbare Reste von Lösemittel- oder "Blaue-Engel"-Lackfarben kommen in den Sondermüll. Lösemittelfreie Farbreste in eingetrocknetem Zustand in den Hausmüll, Reste von selbst hergestellten Pflanzenextrakten können kompostiert werden. Die örtlichen Umweltämter helfen in Zweifelsfällen weiter.

Für Papiermaterialien sowie Holz und Holzwerkstoffe bietet das Umweltzeichen "Blauer Engel" eine gute Entscheidungshilfe für gesundheitlich und ökologisch empfehlenswerte Produkte.

Mit diesem Werkbuch möchten wir Ihnen eine breite Palette von ökologisch und gesundheitlich unbedenklichen Materialien und Werktechniken vorstellen und wünschen viel Spaß und Erfolg bei der Verwirklichung der Bastelideen.

ÖKO TEST MAGAZIN Ingrid Bader
ÖKO-TEST/Ökologische
Verbraucherberatung e.V.

Material und Hilfsmittel

	VORTEIL	NACHTEIL	AUFBEWAHREN/ENTSORGEN
Holzwerkstoffe			
Vollholz aus einheimischen Beständen	nachwachsender Rohstoff	evtl. chemische Behandlung	trocken und nicht zu warm lagern/ Hausmüll, Späne kompostieren
Sperr- bzw. Schichtholz	Verwendung schwächerer Holzqualitäten	Verleimung mit problematischen Kunstharzen	trocken und nicht zu warm lagern/ Hausmüll
Spanplatten	Verwendung schwächerer Holzqualitäten oder Produktionsabfälle	Verleimung mit problematischen Kunstharzen	trocken und nicht zu warm lagern/ Hausmüll
Modelliermassen			
Gips	natürlicher, vielseitig verwendbarer Rohstoff	begrenztes Vorkommen, nicht recycelfähig	trocken lagern (Pulver)/ Hausmüll
Ton	natürlicher, vielseitig verwendbarer Rohstoff; ungebrannt mehrfach verwendungsfähig	begrenztes Vorkommen	feucht und kühl, luftabgeschlossen lagern/Hausmüll, evtl. zur Bodenlockerung
Salzteig	unproblematische Rohstoffe in Herstellung und Verarbeitung	Zutaten werden der Ernährung entzogen	einige Tage luftabgeschlossen im Kühlschrank lagern/Kompost
Stearin	nachwachsender, pflanzlicher Rohstoff; unbegrenzt haltbar	–	z.B. Herstellung "neuer" Kerzen
Paraffin	unbegrenzt verwendbar	Erdölprodukt	z.B. Herstellung "neuer" Kerzen
Papier			
Papierprodukte aus Primärzellstoff	natürlicher, vielseitig verwendbarer Rohstoff	hohe Umweltbelastung bei der Herstellung	nicht dem Licht aussetzten/ Altpapiersammlung
Recyclingpapier	Abfallverwertung, umweltschonendere Herstellung	chemische Entfärbung	nicht dem Licht aussetzen/ Altpapiersammlung
Original-Umweltschutzpapier (UWS)	Abfallverwertung, umweltschonende Herstellung, keine chemische Entfärbung	geringere Reißfestigkeit	nicht dem Licht aussetzen/ Altpapiersammlung

	VORTEIL	NACHTEIL	AUFBEWAHREN/ENTSORGEN
Klebemittel			
Papierkleber	natürlicher Rohstoff (z.B. Kautschuk, Stärke)	geringere Haltbarkeit	bei größeren Gebindeeinheiten: in Gläsern luftabgeschlossen lagern/ eingetrocknete Reste in den Hausmüll
lösemittelfreie Bastelkleber	kräftiger, vielseitig verwendbarer Kleber	synthetisches Produkt	bei größeren Gebindeeinheiten: in Gläsern luftabgeschlossen lagern/ eingetrocknete Reste in den Hausmüll
Tapetenkleister	umgewandeltes Naturprodukt (Methylcellulose)	–	nur kurze Zeit luftabgeschlossen lagern/entfällt bei bedarfsgerechtem Anrühren, eingetrocknete Rest in den Hausmüll
Holzleim	Leime aus pflanzlichen und tierischen Stoffen	synthetische Materialien, z.B. Kunstharze, möglich	bei größeren Gebindeeinheiten: in Gläsern luftabgeschlossen lagern/ eingetrocknete Reste in den Hausmüll
Klebeband	auf Naturstoffbasis (Papier oder Zelluloseacetat)	eingeschränkt empfehlenswert: aus Polypropylen, nicht empfehlenswert: aus PVC	Reste in den Hausmüll
Oberflächen- behandlungsmittel			
lösemittelfreie Naturfarbe	deklarierte, natürliche Inhaltsstoffe	gedecktere Farben	gut verschlossen, kühl lagern, angebrochene Farbe bald aufbrauchen/ eingetrocknete Reste in den Hausmüll
lösemittelhaltige Naturfarbe/-lacke	deklarierte, natürliche Inhaltsstoffe	gedecktere Farben, allergische Reaktionen auf die natürlichen Lösemittel möglich	gut verschlossen und kühl lagern / eingetrocknete Reste in den Hausmüll
konventionelle Lösemittelfarbe	einfache Verarbeitung, gut deckend und schnell trocknend	Umwelt- und Gesundheitsgefährdung bei Herstellung, Verarbeitung und Entsorgung	luftabgeschlossen lagern/ Sondermüll
"Blaue-Engel"- Lackfarbe	einfache Verarbeitung, aber schadstoffreduziert	Umwelt- und Gesundheitsgefährdung	gut verschlossen, kühl lagern, angebrochene Farbe bald verbrauchen/ eingetrocknete Reste in den Hausmüll
Bienenwachs	natürlicher Rohstoff	nur begrenzt vorhanden	gut verschlossen lagern/ nicht notwendig, da langfristig und vielseitig einsetzbar
Leinöl	pflanzlicher, nachwachsender Rohstoff	Leinöl-Arbeitslappen können sich selbst entzünden, deshalb naß in geschlossenem Gefäß aufbewahren	gut verschlossen und kühl lagern/ unbrauchbare Reste im Gefäß in den Hausmüll

Gestalten mit Papier, Pappe und Karton

Gestalten mit Papier, Pappe und Karton

Papier ist ein vielseitiger Werkstoff, der zahlreiche Möglichkeiten der kreativen Gestaltung bietet. Er kann sowohl zu praktischen Zwecken als auch dekorativ eingesetzt werden.

Im Vergleich zu herkömmlichen Papieren erfordert die Herstellung von Umweltschutzpapier (UWS) und Recyclingpapier wesentlich weniger Wasser und Energie. Die Altpapierverwertung schont zudem den Rohstoff Holz, belastet das Abwasser in geringerem Maße und verringert die Abfallberge. Während Recyclingpapier chemisch entfärbt wird (De-Inking), verzichtet man bei der Herstellung von Original-UWS-Papier auf diese zusätzliche Bearbeitung. Achten Sie beim Papierkauf grundsätzlich auf den „Blauen Engel". Er garantiert, daß die Produkte aus 100% Altpapier und ohne Chlorbleiche hergestellt werden. Seit dem 1. 1. 1996 gelten verschärfte Vergaberichtlinien. Die Hersteller dürfen z.B. keine optischen Aufheller, schwermetallhaltige Farbpigmente oder Azo-Farbstoffe mehr einsetzen und müssen nachweisen, daß gesundheitsschädliche Stoffe wie Formaldehyd, Glyoxal oder PCB weitgehend verbannt sind.

Die meisten Papiere, die sich zum Malen und Werken eignen, sind auch in Recyclingqualität erhältlich.

So gibt es Tonpapier, Foto- und Rebornkarton sowie Tonzeichenpapier in den meistgefragten kräftigen Farben aus 100% Altpapier. Auch Kopierpapier ist eine Alternative, wenn mattere Farben gewünscht werden. Schreib- und Malpapier ist sogar in USW-Qualität erhältlich und für die meisten Arbeiten geeignet. Recycling-Schuluniversalpapier ist zudem besonders preisgünstig.

Transparentpapier, Buntpapier oder Marmorierpapier gibt es bislang nicht als Recyclingprodukte. Alternativ eignen sich häufig bunte Illustrierten-Seiten und umweltfreundlichere Papiersorten. Wenn dies nicht möglich ist, sollten die Spezialpapiere mehrfach und besonders sparsam verwendet werden.

Außerdem kann Transparentpapier z.B. durch Japanseide ersetzt werden, ein kompostierbares Naturmaterial aus der Rinde des Maulbeerbaumes, das zum Teil mit Pflanzenfarben gefärbt ist.

Bei der Verarbeitung von Papier werden häufig Kleber und Kleister als Hilfsmittel gebraucht: Empfehlenswert sind lösungsmittelfreie Bastelkleber auf der Basis von natürlichen Substanzen wie Kautschukmilch. Klebstoffe können aber auch selbst hergestellt werden, indem z.B. handelsübliches Mehl, Reismehl oder Stärke mit Wasser aufgekocht werden. Diese eignen sich auch für Arbeiten mit Leimpapier und Pappmaché. Unproblematisch ist ebenfalls einfacher Tapetenkleister, der aus Methylcellulose besteht. Da allerdings mit Wasser angerührte Klebstoffe einen guten Nährboden für Bakterien bieten, sollten sie nur in kleineren Mengen hergestellt und bald verbraucht werden.

Eine Alternative gibt es übrigens auch zu den herkömmlichen Klebebändern aus Kunststoff. Einige Hersteller bieten diese Produkte auf der Basis von Papier und Cellulose-Acetat an. Dagegen sind Selbstklebefolien aus Polypropylen ökologisch schlechter zu bewerten. Werden sie aber nur in Ausnahmefällen verwendet, etwa um eine Bastelarbeit für den Gebrauch länger zu schützen, können sie akzeptiert werden.

Ob man Papier selbst herstellt, eigene Geschenkpapiere fertigt, hübschen Zimmerschmuck oder praktische Schachteln faltet, beim Arbeiten mit Papier lassen sich schon ohne allzu großen Aufwand schöne Ergebnisse erzielen.

Papiere zum Malen und Werken

Papier wird aus verschiedenen Fasern, aus Füllstoffen, Leim, Farben und Wasser hergestellt. Zu den Rohstoffen, aus denen die Fasern gewonnen werden, gehören: Holz (Schliff aus Fichtenholz), Zellstoffe (chemisch aus dem Holz von Tannen, Fichten, Kiefern, Buchen, Birken, Pappeln und anderen Bäumen gewonnen, auch aus Roggen- und Weizenstroh oder aus Espartogras aus Nordafrika und Spanien), Altpapier, Lumpen und Hadern (Leinen, Baumwolle, Ramie und Hanf). Mineralstoffe werden als Füllstoffe benötigt, die die Räume zwischen den einzelnen Fasern ausfüllen, so daß eine geschlossene Oberfläche entsteht. Sie werden je nach Papierart ausgewählt, um Undurchsichtigkeit, Oberflächengeschlossenheit oder Weichheit und Geschmeidigkeit des Papiers zu erreichen.

Damit Papiere beschreibbar sind, werden sie geleimt. Dabei werden den Fasern verseifte Harze zugesetzt. Hochwertige Papiersorten bekommen zusätzlich noch eine Oberflächenleimung. Bei Papier- oder Kartonsorten, die mit dem Begriff „pH-neutral" versehen sind, ist der Leim säuren- und basenarm. Dadurch werden Papier, Pappe oder Karton alterungsbeständig.

Fast alle Papiersorten erhalten einen Farbzusatz, der dem Papier eine Tönung verleiht.

Für die Papierherstellung wird sehr viel Wasser benötigt (99% Wasser, 1% Fasern), das möglichst weich und frei von Schadstoffen sein muß.

Viele Papiere werden noch mit besonderen Walzen geglättet oder satiniert, was sie glatt, glänzend und auch dichter macht.

Das maschinell hergestellte Papier, mit dem wir es meistens zu tun haben, hat eine Laufrichtung der Fasern. Wird es feucht, dehnt sich der Bogen quer mehr aus als in der Laufrichtung, so daß das Papier sich beim Trocknen verzieht. Die Faserlaufrichtung hat auch Einfluß auf das Verhalten des Papiers beim Falten, Reißen oder Kleben. Beispielsweise ist ein Riß in der Laufrichtung gradliniger. Beim Biegen oder Rollen des Papiers ist der Widerstand in Laufrichtung größer als in der Querrichtung.

Das Normalpapierformat ist seit 1922 das DIN-Format. Das Grundformat DIN-A0 ist ein Rechteck von 841 x 1189 mm = 1 qm. A1 ist die Hälfte von A0, jedes kleinere Format entsteht durch die Querteilung des vorhergehenden. Der Buchstabe A (außerdem gibt es noch B, C und seltener D) nennt die Formatreihe. Die Ziffer gibt an, wie oft die Größe 0 gefaltet ist. (Bei A4 ist A0 also viermal geteilt.)

DIN		A		
0	Vierfachbogen	841	x	1189
1	Doppelbogen	594	x	841
2	Bogen	420	x	594
3	Halbbogen	297	x	420
4	Viertelbogen	210	x	297
5	Blatt (Achtelbogen)	148	x	210
6	Halbblatt	105	x	148
7	Viertelblatt	74	x	105
8	Achtelblatt	52	x	74
usw.				

Die Reihe B beginnt beim Format 0 mit 1000 x 1414 mm, C mit dem Format 0 mit 917 x 1297 mm und D mit dem Format 0 mit 771 x 1090 mm.

Der entscheidende Unterschied zwischen Papier, Karton und Pappe liegt im Gewicht, nicht in den Rohstoffen oder der Herstellung. Im allgemeinen nimmt man folgende Einteilung nach Gewicht (Gramm pro Quadratmeter) vor:

◆ *PAPIER:* 7 – 150 g/qm
◆ *KARTONPAPIER/HALBKARTON:* 150 - 250 g/qm
◆ *KARTON:* 250 – 450 g/qm
◆ *DICKER KARTON/DÜNNE PAPPE:* 450 – 600 g/qm
◆ *PAPPE:* über 600 g/qm

Der Fachhandel bietet Papiere in vielen verschiedenen Formaten und Farben und für jeden Zweck passend an. Nicht jedes Papier eignet sich gleich gut für die gewünschte Mal- oder Werkarbeit. Die im folgenden Abschnitt vorgestellten Papiere wurden zum Teil für die beschriebenen Techniken verwendet.

Zeichenpapier

Zum Zeichnen und Skizzieren, zum Malen, Drucken und auch zum Aquarellieren eignet sich Zeichenpapier in verschiedenen Stärken (ab 80 g/qm)und Formaten. Es ist in reichhaltiger Auswahl zu bekommen. Bedingt durch seine geleimte Oberfläche bleiben auf Zeichenpapier Farbpigmente, wie z.B. bei Kohle- oder Kreidezeichnungen, gut haften. Man erhält Zeichenpapier glatt, matt oder gekörnt. Verbesserungen und Korrekturen können mit Gummi oder Messer vorgenommen werden, ohne daß die Oberfläche beschädigt wird. Es läßt sich gut falten und formen. In der Regel wird weißes Papier verwendet, im Fachhandel findet man jedoch auch viele farbige Sorten.

Druckpapier

Druckpapier gibt es mit verschiedenen Eigenschaften, die auf das jeweilige Druckverfahren abgestimmt sind. In der Regel besitzt es eine glatte und eine rauhe Seite. Es ist vielfältig verwendbar und besonders geeignet für Linoldruck, Siebdruck oder Holzschnitt, aber auch zum Malen, Zeichnen oder Werken. Das preiswerte Schuluniversalpapier ist in verschiedenen Formaten erhältlich (ca. 120 g/qm).

Rollenpapier

Für das Malen in großen Formaten oder für Gemeinschaftsarbeiten in Gruppen ist Rollenpapier günstig, das in verschiedenen Stärken und Farben mit glatter oder rauher Oberfläche angeboten wird. Sehr empfehlenswert ist das bereits erwähnte Schuluniversalpapier. Es eignet sich für Wandfriese, für die Trockenmalerei (z.B. Kohle, Kreide, Wachsstifte) einschließlich Pastell oder bei entsprechend verstärkten Sorten auch für Naßmaltechniken mit Deckfarben oder Fingerfarben. Sehr günstig ist es, bei Druckereien nach Endrollen zu fragen! Sie werden oft kostenlos in verschiedenen Breiten abgegeben. Allerdings ist dieses meist ein dünnes Zeitungspapier (ca. 52 g/qm), das sich nicht für alle Techniken eignet und leicht einreißen kann.

Tonpapier

Das universell einsetzbare Tonpapier (ca. 130 g/qm) sollte in keiner Papierwerkstatt fehlen. Man erhält es in allen Stärken und Farben, von zarten Pastelltönen bis zu leuchtenden, poppig-bunten Sorten. Die Oberfläche von Tonpapier ist leicht rauh. Es kann für Druck- und Zeichentechniken gut eingesetzt werden und läßt sich zudem leicht falten, schneiden und formen. Ferner kann Tonzeichen- und Druckpapier (ca. 100 g/qm) in leicht gerippter Qualität für Mal- und Drucktechniken eingesetzt werden. Dieses Papier wird gewöhnlich in einem Hellgrauton und eierschalfarben angeboten.

Buntpapier

Bunt- oder Glanzpapier erhält man in leuchtenden und gedeckten Farbtönen. Seine Oberfläche ist matt oder glänzend, auf der Rückseite ist es gummiert oder ungummiert, Gewicht je nach Hersteller ca. 80 bis 90 g/qm. Regenbogen-Buntpapier ist ungummiert und hat eine glänzende Oberfläche, es zeigt interessante Farbverläufe. Buntpapier eignet sich besonders für Reißpapierbilder und für Papiermosaike. Es läßt sich auch als Untergrund für Sieb- und Linoldrucke verwenden.

Transparentpapier

Für Laternen, Fensterdekorationen, Weihnachtsschmuck oder auch Drachen ist Transparentpapier (Pergamin) geeignet. Das lichtdurchlässige Papier (ca. 42 g/qm) läßt sich leicht bearbeiten, gut falten und schneiden. Legt man Papiere in unterschiedlichen Farben übereinander, ergeben sich im Gegenlicht interessante Farbeffekte, es entstehen Mischfarben. Transparentpapier ist über längere Zeit nicht lichtbeständig.

Seidenpapier

Seidenpapier gibt es in vielen verschiedenen Farbtönen (ca. 18 g/qm). Man kann es zum Auskleiden verwenden oder zur Verfeinerung von Oberflächen, z.B. beim Modellieren mit Pappmaché. Da es lichtdurchlässig ist, eignet es sich für transparente Dekorationen wie Laternen oder Fensterbilder und auch Faltsterne. Seidenpapier ist auf die Dauer nicht farbecht.

Kopierpapier

Kopierpapier (Offsetpapier) wird vor allem in Kopierläden angeboten und eignet sich hervorragend zum Gestalten und Bemalen. Es ist in vielen Farben erhältlich und vielfältig einsetzbar. Viele der in diesem Buch beschriebenen Papierarbeiten wurden aus Kopierpapier gefertigt.

Für fast alle künstlerischen Techniken hält der Fachhandel inzwischen spezielle Papiere bereit. Zum Basteln und Werken sind aber meist die genannten Standardpapiere völlig ausreichend. Wer sich jedoch mit einem speziellen Technikbereich länger beschäftigt und seine Kenntnisse vertiefen möchte, kann auch zu den Spezialpapieren greifen und damit experimentieren.

Scherenschnittpapier

Scherenschnittpapier ist einseitig schwarz eingefärbt, man erhält es gummiert und ungummiert. Es eignet sich für Fensterbilder und Scherenschnitte.

Origamipapier

Für japanische Faltarbeiten benutzt man quadratische, sehr dünne Papierblätter, die in besonders vielen Farbstufen angeboten werden. Es gibt sie in verschiedenen Formaten, einseitig oder beidseitig eingefärbt. Origamipapier ist auch intensiv gemustert oder in Regenbogenfarben eingefärbt erhältlich.

Kreppapier

Kreppapier ist ein sehr weiches, leicht geripptes, dehnbares und poröses Papier. Es ist in Rollen oder Streifen in verschiedenen Farben erhältlich. Kreppapier wird häufig für Raumdekorationen wie Blumen, Bänder oder Girlanden verwendet.

Japan- oder Chinapapier

Japan- oder Chinapapier gibt es in verschiedenen Stärken, Strukturen und Formaten, von hauchfeinen Seidenpapieren bis zu kräftigen Kartons (ab 17 g/qm). Es wird aus Kozu-, Mitsumata- oder Gampibastfasern auch heute noch in Handarbeit hergestellt. Dieses edle Papier ist sehr haltbar und reißfest. Deshalb findet es in der Buchbinderei und -restauration vielfältig Verwendung. Es eignet sich auch für feine Drucke, für Kalligraphien oder für die Wachsbatik.

Aquarellpapier oder -karton

Angeboten werden Aquarellpapiere oder -kartons in Blöcken oder in Pochettes mit losen Blättern. Es gibt sie mit rauher oder feiner Oberfläche. Für alle Naßtechniken sollte eine rauhe Oberfläche verwendet werden. Sehr edel sind Aquarell-Büttenkartons.

Pappe und Karton

Zum freien Bauen mit Pappe und Karton eignen sich alle Restkartons wie Schuhschachteln, Toilettenpapierrollen oder leere Kartons aus dem Handel hervorragend. Für anspruchsvollere Arbeiten oder bei der Herstellung von Geschenken können auch Spezialpappen und -kartons verwendet werden.

Grünbraune Strohpappe

Strohpappe wird in der Kartonagefabrikation verwendet; aus ihr bestehen die meisten Verpackungen. Für das freie Bauen mit Pappe ist sie ein sehr geeigneter, preiswerter Werkstoff.

Graupappe

Graupappe (Buchbinderpappe) bietet sich für viele gestalterische Zwecke an. Sie ist haltbar, stabil und dabei trotzdem noch biegsam. Man erhält sie in verschiedenen Größen und Stärken.

Zeichenkarton

Zeichenkarton wird in unterschiedlichen Stärken und Größen in reichhaltiger Auswahl angeboten. Er ist stabiler als Zeichenpapier und kann daher zum Bauen eingesetzt werden. Seine Oberfläche ist glatt oder rauh. In der Regel wird weißer Karton verwendet, im Fachhandel findet man jedoch auch farbige Sorten. Vielseitig ist der Schulzeichenkarton (170 g/qm) mit mäßig rauher Oberfläche, er eignet sich auch für Schneidetechniken und plastische Arbeiten.

Tonkarton

Tonkarton ist für fast alle Bastelarbeiten bestens geeignet. Es empfiehlt sich daher, einen größeren Vorrat davon anzuschaffen. Man erhält Tonkarton (ca. 300 g/qm) in allen Farben und Stärken, von Pastelltönen bis zu poppig-bunten oder leuchtenden Farben. Tonkarton besitzt eine leicht rauhe Oberfläche. Man kann ihn für Druck- oder Zeichentechniken einsetzen, er läßt sich außerdem gut schneiden und formen.

Büttenkarton

Büttenkarton ist ein schwerer, edler Karton (200 bis 250 g/qm), der sich besonders für hochwertige Druckarbeiten gut eignet.

Für Werkarbeiten ist der etwas leichtere Schul-Kupferdruckkarton (180 g/qm) als preisgünstige Alternative empfehlenswert.

Wellpappe

Der Kontrast von Starre und Biegsamkeit, von Belastbarkeit und Elastizität sowie das geringe Gewicht machen Wellpappe als Werkmaterial besonders interessant und beliebt.

Man unterscheidet wellige und glatte Wellpappe. Die wellige besitzt eine glatte und eine gewellte Schicht, dadurch ist sie auch recht elastisch. Es gibt sie in verschiedenen Ausführungen, von relativ dünn und weich mit fein gewellter Oberfläche über mittelwellig bis hin zu stabil und sehr fest mit meist groben Rippen. Diese zweilagige Wellpappe wurde in diesem Buch vorwiegend verwendet, denn mit der gerippten Seite lassen sich schöne Effekte erzielen.

Die glatte Wellpappe sollte man zum Bauen verwenden. Hier verbirgt sich die wellige Schicht zwischen zwei glatten Schichten, die Pappe läßt sich gegen die Rippen nicht biegen und ist daher sehr stabil. Auch hier gibt es feine, mittelstarke und grobe Rippen.

Modellbau-Wellpappe

Für architektonisch und optisch anspruchsvolle Modellbauarbeiten oder graphische Reliefs wird Modellbau-Wellpappe verwendet. Angeboten werden Oberflächen von sehr fein bis grob gewellt oder sogar mit Kugelmustern (hier ist die Welle auf beiden Seiten sichtbar). Die Pappe ist stabil und trotzdem leicht, so daß man auch große Objekte damit bauen kann.

Fotokarton

Foto- und Passepartoutkarton gibt es in verschiedenen Stärken und Farben. Der sehr feste Karton ist allerdings oft schwierig zu schneiden. Versucht man ihn zu biegen, bricht er. Fotokarton eignet sich gut zum Herstellen stabiler Kartonagearbeiten.

Papierschöpfen

Kinder fasziniert es, Papier selbst herzustellen. Damit dies auch sicher gelingt, wird hier eine einfache Methode des Papierschöpfens vorgestellt: Mit einer ausgeschnittenen Drahtform lassen sich einfache Papierbogen gestalten.

ALTER   *ab 6 Jahren*

DAUER   *ca. 60 Minuten (ohne Trockenzeiten)*

 **MATERIAL & WERKZEUG**   *alte Zeitungen (kein Hochglanzpapier), große Schüssel, Wasser, Rührbecher, verzinkter feiner Fliegendraht (pro Kind etwa 20 x 20 cm), Drahtschere, Handrührgerät, 2 Filzlappen (Größe entsprechend der Vorlage, hier günstig: je 20 x 30 cm), Schürze, zum Trocknen: mehrere Lagen Filz*

Anfertigen der Drahtform

Zunächst wird die Drahtform zum Papierschöpfen angefertigt. Ältere Kinder können sie selbst herstellen, jüngeren sollte man wegen der Verletzungsgefahr fertige Drahtformen anbieten. Mit einer alten Schere oder einer Drahtschere die gewünschte Form, die das Papier später erhalten soll, zuschneiden, (z.B. Kreis, Herz, Rechteck oder Tierform). Am besten eignen sich zunächst kleine Formate in Postkartengröße.

◆ *Tip: Bei der fertigen Vorlage darauf achten, daß keine spitzen Drahtenden hervorstehen.*

Papierbrei

Die Zeitungen in kleine Schnipsel reißen und diese locker in einen Rührbecher füllen, bis er etwa zur Hälfte gefüllt ist. Wasser hinzufügen, es sollte etwa fingerdick über den Schnipseln stehen. Im Prinzip genügt eine kurze Einweichzeit. Wesentlich leichter läßt sich Papier aber herstellen, wenn die Masse über Nacht ziehen kann.
Nach dem Einweichen die Masse mit dem Handrührgerät gut verquirlen, bis sich ein gleichmäßiger Papierbrei ohne Restpapierstücke bildet. Da die Masse beim Rühren stark spritzt, sollten die Kinder eine Schürze tragen.

Papierschöpfen

Die Drahtform in eine Schüssel legen und die Papiermasse gleichmäßig mit den Händen darauf verteilen. Je dicker die Schicht, desto leichter kann man sie später ablösen. Daher ist es für den Anfang ratsam, mit dicken Papierschichten zu arbeiten.
Die Drahtform vorsichtig aus der Schüssel heben und das Wasser abtropfen lassen. Die Drahtform mit der Papiermasse auf einen der Filzlappen legen und mit dem zweiten bedecken. Das ganze Paket zwischen Zeitungen geben und mit den Handflächen kräftig zusammenpressen. Das Wasser wird aus der Papiermasse gedrückt, sie erhält eine festere Konsistenz.

Trocknen

Nun wird das noch nasse Papier vorsichtig, vom Rand ausgehend, von der Drahtform gelöst und zum

Trocknen ausgelegt. Als Unterlage eignet sich am besten ein Stück Filz, aber auch Kork, Stoff oder Papier kann verwendet werden. Das geschöpfte Papier über Nacht trocknen lassen, denn nasses Papier läßt sich nicht transportieren! Um den Trockenprozeß zu beschleunigen, kann das Papier trockengebügelt werden. Dafür die Einstellung „Baumwolle" wählen und das geschöpfte Papier mit Zeitungen abdecken.

Dünnes und dickes Papier

Je dickflüssiger die Papiermasse, desto stärker wird das geschöpfte Papier. Es kann sogar eine kartonartige Beschaffenheit erreicht werden. Dieser Karton läßt sich jedoch nicht knicken, ohne zu brechen. Feines Papier ist entsprechend biegsamer. Dazu wird die Masse mit entsprechend mehr Wasser angesetzt. Der sehr dünnflüssige Papierbrei muß nun gleichmäßig, beispielsweise mit einem Joghurtbecher, über die Form gegossen werden. Das erfordert eine ruhige Hand und etwas Übung.

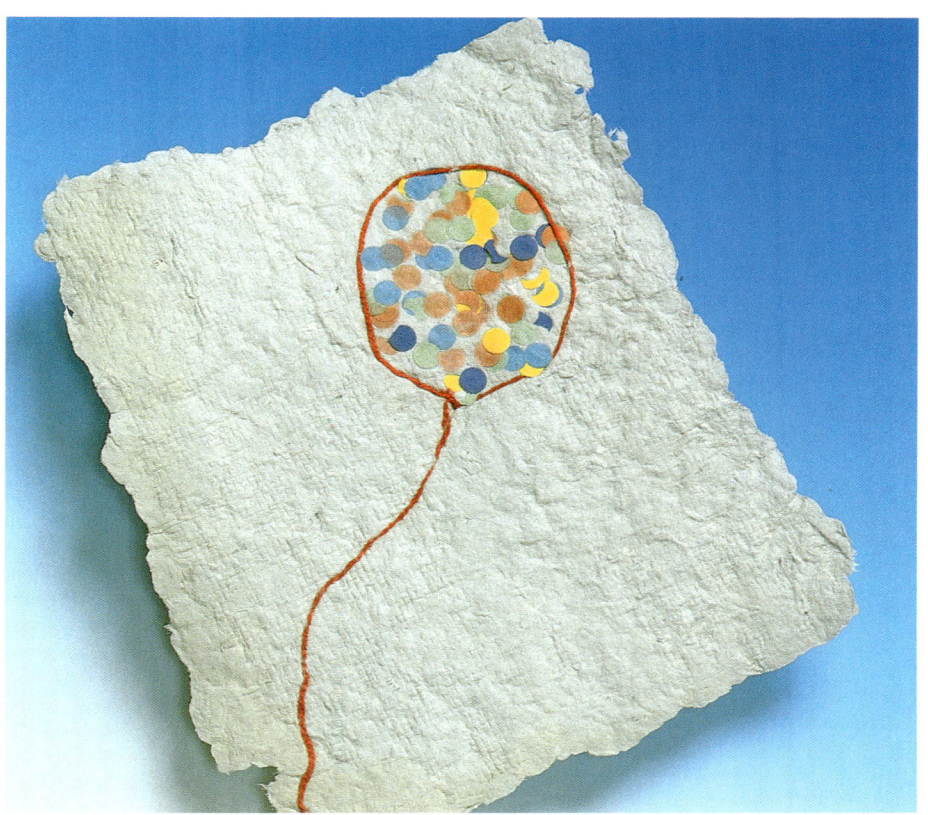

Weiterführende Ideen

◆ VERZIERTES PAPIER: Reizvoll ist es, das geschöpfte Papier auszuschmücken. Sobald die Papiermasse auf die Drahtform gegossen wurde, können beispielsweise Federn, bunte Fäden, getrocknete Blumen, Gräser oder Konfetti aufgebracht werden. Nach dem Pressen sind diese Materialien fest mit dem Papier verbunden. Durch Einrühren bunter Papierschnipsel von Hochglanzpapier in den Papierbrei entsteht bunt gemustertes Papier.

◆ FARBIGES PAPIER: Auch die Grundfarbe des Papiers läßt sich beeinflussen, indem der Papierbrei mit bunten Zeitungspapierschnipseln angesetzt wird. Nicht bewährt hat sich das Einfärben der Papiermasse mit Schulkreide oder Deckfarben, da die Masse extrem viel Färbematerial ohne sichtbare Wirkung aufnimmt. Dennoch lassen sich Farbeffekte erzielen. So kann man z.B. auf das noch nasse Papier bunte Kreide mit Hilfe eines Messers schaben. Die Kreide darf nicht aufgemalt werden, da durch den Druck die Papiermasse beschädigt würde.

Stechtechniken

Mit dieser einfachen Technik lassen sich Lochmuster erstellen, die auf einfarbigem Papier besonders gut zur Geltung kommen. Mit dem nachfolgend beschriebenen Tastspiel wird der Tastsinn der Kinder spielerisch geübt.

ALTER *ab 6 Jahren*

DAUER *je nach Werkstück 5 bis 20 Minuten*

MATERIAL & WERKZEUG *Zeichenpapier, Dosenstecher (Dorn mit Griff), Butterbrotpapier, Bleistift, Klebeband, Zeitungen*

Erhabene Stechtechnik

Mittels der erhabenen Stechtechnik lassen sich aus dem Papier hervorstehenden Muster und Motive arbeiten.

Bevor mit dem Entwurf begonnen wird, sollten den Kindern gelungene und weniger gute Arbeiten gezeigt werden. Positive Beispiele zeichnen sich dadurch aus, daß die Motive regelmäßig gestochen sind. Negative sind unregelmäßig gearbeitet und deshalb kaum erkennbar. Oder das Motiv ist durch eine zu komplizierte Linienführung nicht auszumachen.

Entwurf

Auf der Rückseite des Papiers wird mit Bleistift das Motiv zart vorgezeichnet. Da bei der erhabenen Stechtechnik alle Muster und Motive auf der Vorderseite spiegelverkehrt erscheinen, muß dies bei Zahlen und Schriftzügen entsprechend beachtet werden. Alternativ kann dafür auch die glatte Stechtechnik angewendet werden. Wenn das Motiv zu viele Details enthält, wird das Bild unkenntlich.

Stechen

Das Papier auf eine dicke Unterlage aus Zeitungen oder Pappe legen und mit dem Dorn eines Dosenstechers oder mit einer Wollnadel, deren Öhr in einen Korken gebohrt ist, alle vorgezeichneten Linien in regelmäßigen, kurzen Abständen durch das Papier nachstechen. Als Ergebnis wird auf der Ansichtsseite ein erhabenes Muster oder Motiv sichtbar, das sehr plakativ wirkt.

Glatte Stechtechnik

Glatte, punktförmige Einstiche bilden feine Muster oder Motive (siehe Abb.). Bei dieser Technik muß sehr genau gearbeitet werden, da nur regelmäßige Einstiche das Muster deutlich erkennen lassen.

Entwurf

Das Papier wird von der Ansichtsseite her bearbeitet. Da man vorgezeichnete Muster und Motive nach dem Stechen deutlich erkennen würde, sollte zunächst eine Vorlage hergestellt werden. Dafür eignet sich Butterbrotpapier, auf dem frei gezeichnet oder durchgepaust wird.

Stechen

Das Butterbrotpapier auf dem Werkstück mit wenigen Klebestreifen befestigen und mit dem Dorn die Vorlage und das Papier durchstechen. Je regelmäßiger die Löcher nebeneinanderliegen, desto schöner ist das Ergebnis. Diese Arbeit erfordert viel Ausdauer und Konzentration. Deshalb ist ein großzügig, aber regelmäßig gestochenes Bild für diese Technik besser geeignet, als ein feines mit eng gesetzten Löchern (bei dem allmählich die Geduld der Kinder nachläßt). Ist das Muster oder Motiv fertiggestellt, werden die Klebestreifen vorsichtig gelöst.

◆ *Tip: Die Löcher nicht zu eng nebeneinandersetzen, sonst reißen die Verbindungsstege ein. Das Motiv würde regelrecht aus dem Papier herausgetrennt.*

Weiterführende Ideen

◆ SCHMUCKPAPIERE: Mit Stechmustern lassen sich Tischkarten, Brief- und Geschenkpapiere verzieren.

◆ TASTSPIELE HERSTELLEN: Für ein Tastspiel mit Buchstaben oder einfachen Formen werden in der erhabenen Stechtechnik mehrere Spielkärtchen aus festem Papier angefertigt. Mit verbundenen Augen wird das auf dem Kärtchen Abgebildete reihum ertastet.

23

Dreidimensionales Papierbild

Durch Einschneiden und Falten von Papier, entstehen aus einfachen Papiermotiven interessante, dreidimensionale Motive, die sich zu plakativ wirkenden Bildern kombinieren lassen.

ALTER *ab 7 Jahren*

DAUER *pro Fisch: ca. 10 bis 15 Minuten*

MATERIAL & WERKZEUG *buntes Zeichenpapier DIN-A4, 1 Bogen blaues Tonpapier (Größe entsprechend der Anzahl der aufzuklebenden Fische), Bleistift, Papierschere, Klebstoff*

Falten und schneiden

Das Zeichenpapier in der Mitte falten, an der Bruchkante die Hälfte des Fisches aufzeichnen und ausschneiden. Von der Bruchkante aus schräge oder halbkreisförmige Einschnitte vornehmen (Zeichnung 1), anschließend das Papier auffalten.

Die Rücken- und Bauchflosse einzeln auf einer gedachten Mittellinie nach hinten falten und gemäß der Zeichnung einschneiden (Zeichnung 2). Jeder Fisch kann mit einem eigenen Muster ausgestaltet werden. Alle Einschnitte dann vorsichtig nach oben aufklappen und umbiegen (Zeichnung 2), dabei behutsam vorgehen, das Papier reißt leicht ein. Zum Schluß die Fische auf das blaue Tonpapier kleben.
Mit dieser Technik lassen sich auch Schildkröten oder Krokodile variationsreich ausarbeiten.

Weiterführende Ideen

◆ FASCHINGSGIRLANDEN: Das Papier wird der Länge nach in der Ziehharmonikatechnik mehrfach gefaltet und von beiden Seiten her versetzt quer eingeschnitten (Zeichnung 3). Das Auffalten der Girlande ist nicht ganz einfach und erfordert Vorsicht und Geduld, damit das Papier an den dünnen Stegen nicht einreißt. Am besten klappt es, wenn zuerst die Mitte auseinandergefaltet wird. Mehrere aneinandergeklebte Einzelstücke ergeben die Girlande.

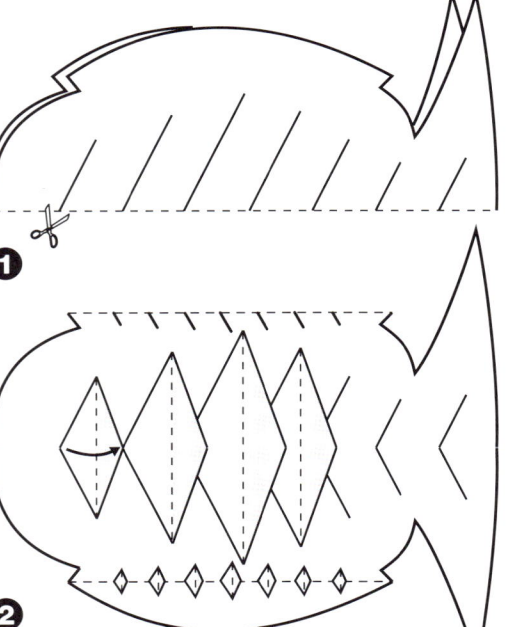

3

Freistehende Papierfiguren

Mit dieser Falttechnik können die Papiertiere frei stehen. Während beim Origami die Figuren ausschließlich gefaltet sind, wird hier eine kombinierte Falt- und Schneidetechnik angewendet.

ALTER	*ab 9 Jahren*
DAUER	*ca. 20 bis 30 Minuten*
MATERIAL & WERKZEUG	*buntes Kopierpapier DIN A4 (oder Zeichen- und Tonpapier), Bleistift, Bunt- oder Wachsmalstifte, transparentes Klebeband, Schere*

Das DIN-A4-Papier in der Mitte quer falten und beide Seiten im Abstand von 1 cm von der Bruchkante wieder zurückfalten (Zeichnung 1). Das Tiermotiv so aufzeichnen, daß eine möglichst große Fläche seiner Rückenlinie an den beiden oberen Bruchkanten verläuft. Die Beine müssen gleich lang und nicht zu dünn angelegt werden (Zeichnung 2). Die Tierform ausschneiden und nach Wunsch bemalen. Die Bruchkante nachfalzen, schon stehen die Papiertiere.

Wenn Teile des Tieres, wie z.B. der Kopf, über die Rückenkante hinausragen, muß ein weiterer Arbeitsgang eingeschoben werden. Das Papier zunächst wie in den Arbeitsschritten der Zeichnungen 1 und 2 angegeben falten und das Tier (Zeichnung 3a) aufzeichnen. Anschließend das Papier auffalten und von oben her einen senkrechten Einschnitt am Kopf vorbei bis zur Rückenlinie anbringen. Jetzt kann die Rückenkante erneut gefalzt werden. Die drei Bruchkanten der Faltgänge 1 bis 2 werden nicht mehr benötigt (Zeichnung 3b). Das überstehende Papierende wird parallel zum unteren Blattende abgeschnitten. Dazu wird der in Zeichnung 3b hochstehende Streifen mit den neuen Falzbrüchen nach unten geklappt. Das nun überstehende Papier abschneiden. Damit das Tier sicher steht, kann es erforderlich sein, den Einschnitt auf der Rückseite mit einem Klebestreifen zu schließen.

Zauberketten

**Lustige Ketten und Girlanden entstehen,
obwohl aus dem zusammengefalteten Papier lediglich einmal
das Motiv ausgeschnitten wird.**

ALTER ab 6 Jahren

DAUER je nach Motiv ab
10 Minuten

MATERIAL & WERKZEUG buntes Kopierpapier
DIN-A4, Schere, Bleistift,
eventuell Klebstoff

Herstellung
des Motives

Einen Papierstreifen in der gewünschten Motivhöhe abschneiden. Von seiner Schmalseite her in der Ziehharmonikatechnik falten, dabei darauf achten, daß die Bruchkanten genau aufeinanderliegen (Zeichnung 1). Mit einem Bleistift das gewünschte Motiv so aufzeichnen, daß mindestens ein bis zwei Stellen dieses Motivs jeweils am linken und rechten Rand anliegen (Zeichnung 2). Beim Ausschneiden diese Stellen aussparen, denn sie sorgen für den Zusammenhalt der einzelnen Figurenteile. Nun die Papierkette auseinanderfalten. Dabei sehr vorsichtig vorgehen, damit die dünnen Papierstege nicht einreißen.

Will man mehrere Ketten aneinanderkleben, ist es ratsam, von dem gewünschten Motiv eine Schablone anzufertigen. Dadurch werden alle Kettenteile gleich und passen exakt zusammen.

Tip: Die Papierstreifen sollten je nach Papierstärke nicht zu lang zugeschnitten werden. Das gefaltete Papier kann sich beim Schneiden leicht verschieben, so daß sich keine klare Motivreihe ergibt.

Weiterführende
Ideen

◆ RAUMSCHMUCK: Zauberketten sind als Raum- oder Fenstergirlanden zu Anlässen wie Ostern, Weihnachten und natürlich auch für eine Party die ideale Dekoration.

◆ VERZIEREN VON SCHMUCKPAPIEREN: Mit entsprechend schmalen Zauberketten lassen sich beispielsweise Briefpapiere, Geschenkpapiere und Grußkarten ausgestalten.

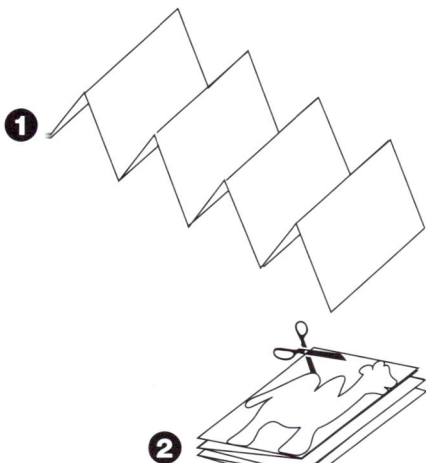

Große und kleine Faltschachteln

Diese Schachteln werden in einer kombinierten Schneide- und Falttechnik hergestellt. Bei exaktem Arbeiten wird kein Klebstoff benötigt.

ALTER *ab 9 Jahren*

DAUER *ca. 45 Minuten*

MATERIAL & WERKZEUG *buntes Ton- oder Zeichenpapier (DIN-A3 oder A4), Karton für die Schablone, Lineal, Bleistift, Schere, evtl. Klebstoff*

◆ *Tip: Für jüngere Kinder ist das Falten der Schachteln einfacher, wenn die langen Seitenteile a und b zusammengeklebt werden.*

Für die hier dargestellten kleinen Schachteln genügt ein DIN-A4-Bogen Zeichenpapier (entsprechend der angegebenen Maße der Zeichnung 1 und 2). Größere Schachteln sollten mit Tonpapier DIN-A3 oder DIN-A2 gefaltet werden.

Anfertigen der Schablonen

Für Schachtelboden und -deckel werden maßstabsgetreue Schablonen angefertigt (Zeichnung 1 und 2). Die Maße für die größere Schachtel stehen in Klammern; die kleinen

Dreiecke werden nur bei den Schablonen ausgeschnitten. Wenn man die Bastelvorlage einer Gruppe vorgeben möchte, kann die Vorlage auch mit einem Kopierer direkt auf buntes Papier (DIN-A4 oder A3) kopiert werden. Beim Kopieren läßt sich die hier angegebene Vorlage noch beliebig verkleinern oder vergrößern.

Zuschneiden

Zunächst die Schablone für den Deckel auf das gewünschte Papier legen und den Umriß mit einem

a,b = innere Wandteile
c, d, e = äußere Wandteile

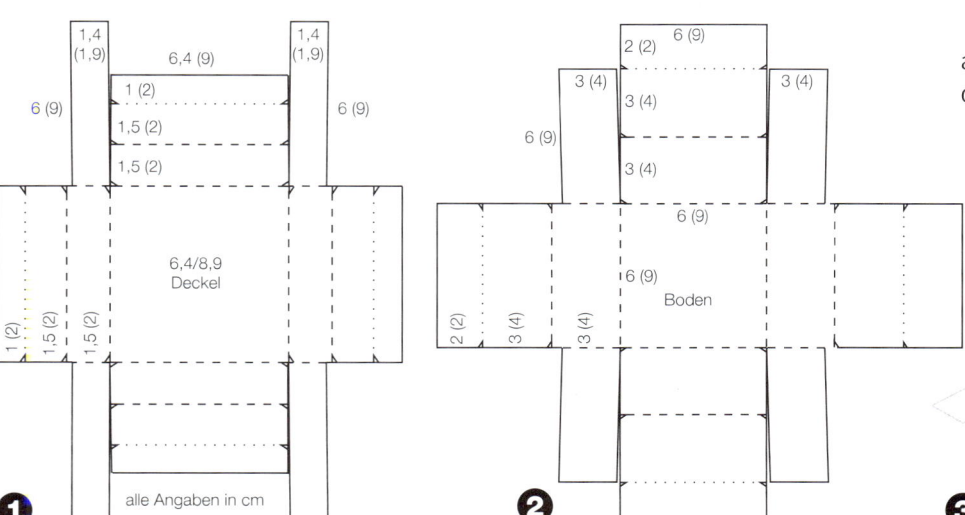

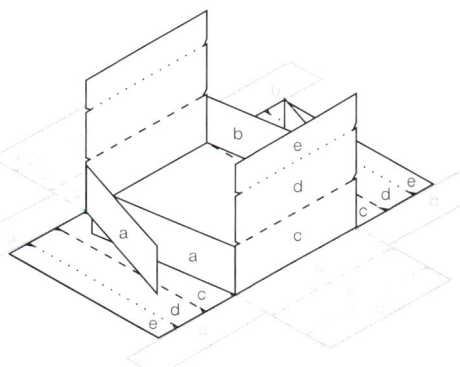

❶   alle Angaben in cm

❷

❸

Bleistift nachzeichnen. Ansatzstellen für innere Linien (Falzlinien)
werden in den ausgeschnittenen
Dreiecken mit einem Punkt mar-
kiert. Schablone entfernen und die
inneren Linien nach den Markie-
rungspunkten mit dem Lineal als
gestrichelte, gepunktete oder
durchgezogene Linie übertragen.
Das Schachtelteil entsprechend der
durchzogenen Linien ausschneiden.

Falten

Beim Vorfalzen die gestrichelten
Linien nach innen (zur Mitte hin),

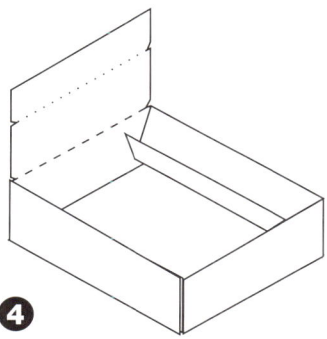

4

die gepunkteten Linien nach außen
falten. Alle Falzkanten gut rach-
streichen und anschließend wieder
auffalten.
Die durch die anschließend
beschriebene Faltfolge innen liegenden Wandteile der Schachtel-
seite (a und b) senkrecht aufstellen
und gemäß der Zeichnung 3 und 4
gegeneinander falten, so daß sich
die Teile mit gleichen Bezeichnun-
gen (2x Teil a und 2x Teil b) exakt
decken.
Nun werden die übrigen Seitenteile
in der angegebenen Reihenfolge c,
d und e gefaltet: Teil c nach oben,
an die Außenkante, Teil d nach
innen umklappen und das nach

oben stehende Teil e jetzt an den
Schachtelboden drücken. Die Faltfolge c, d, e an allen übrigen drei
Schachtelseiten wiederholen.
Der Schachtelboden wird nach der
gleichen Faltfolge wie der Deckel
gearbeitet.

Weiterführende
Ideen

◆ GESCHENKSCHACHTELN: Die
Schachteln können auch aus
festem Geschenkpapier angefertigt
werden. Einfarbige Schachteln lassen sich hübsch bekleben oder
bemalen.

31

Papierperlen

Durch das Aufrollen von langen, bunten Papierdreiecken aus Illustrierten werden Schmuckperlen hergestellt.

ALTER *ab 6 Jahren*

DAUER *10 Perlen: ca. 30 Minuten*

MATERIAL & WERKZEUG *farbige Seiten aus Zeitschriften, Streichhölzer ohne Kopf, Schere, Bleistift, Lineal, Zwirn, Nadel*

Herstellen der Perlen

Mit dem Lineal auf der Seite einer Illustrierten wie vorgegeben Dreiecke mit zwei langen Schenkeln aufzeichnen. Die Basis sollte etwa 2 cm breit sein, die Länge der Schenkel der Länge der DIN-A4-Seite entsprechen (Zeichnung 1). Die Größe der Papierdreiecke ist variabel, die Basis sollte jedoch mindestens 1,5 cm betragen. Ist die Basis zu kurz, ergibt sich keine länglich geformte Perle, sondern eine dicke Rolle.
Das Dreieck von der Basis her mit Hilfe des Streichholzes bis zur Spitze hin fest aufrollen und das Ende mit wenig Klebstoff befestigen (Zeichnung 2). Dann das Hölzchen vorsichtig aus der Papierperle herausziehen.

Die Kette

Mit Nadel und Faden werden die einzelnen bunten Perlen aufgefädelt. Dafür eignet sich eine dicke Wollnadel mit abgerundeter Spitze. Ganz nach Geschmack können auch beispielsweise einfarbige Holzperlen oder Salzteigperlen (Seite 168) dazwischen aufgereiht werden.

Weiterführende Ideen

◆ SCHMUCKSTÜCKE ANFERTIGEN: Auch Ohrringe, Haarschmuck oder andere Schmuckstücke lassen sich aus diesen Perlen anfertigen.

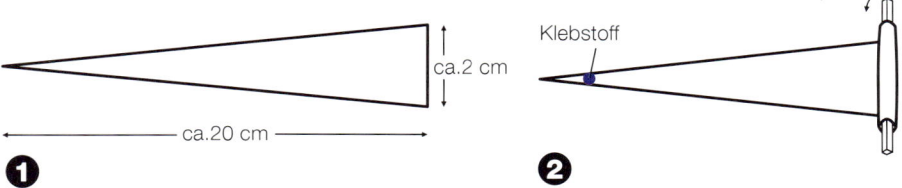

Memory-Spiele selbst herstellen

Hier kommt zur Freude an der Suche nach interessanten und lustigen Kartenmotiven bzw. verschiedenartigen Klangmaterialien noch der Spaß beim gemeinsamen Spiel. Memoryspielen übt das Gedächtnis und fördert die Konzentration.

ALTER *ab 8 Jahren*

DAUER *ab 2 Stunden*

MATERIAL & WERKZEUG *Fotokarton (Kärtchen), Papprest (Schablone), je 2 identische Bildvorlagen aus 2 gleichen Zeitungen, Illustrierten, Werbe- und Reiseprospekten, Schere, Klebstoff, Cutter, Lineal, Bleistift*

Bilder-Memory

Spielanleitung (ab zwei Spielern)

Ziel des Spieles ist es, gleiche Kartenpaare zu entdecken. Die Spielkarten werden gemischt und mit der Rückseite nach oben auf den Tisch gelegt. Im Wechsel deckt jedes Kind zwei Karten auf, so daß alle Mitspieler sie gut betrachten können und verdeckt sie wieder.

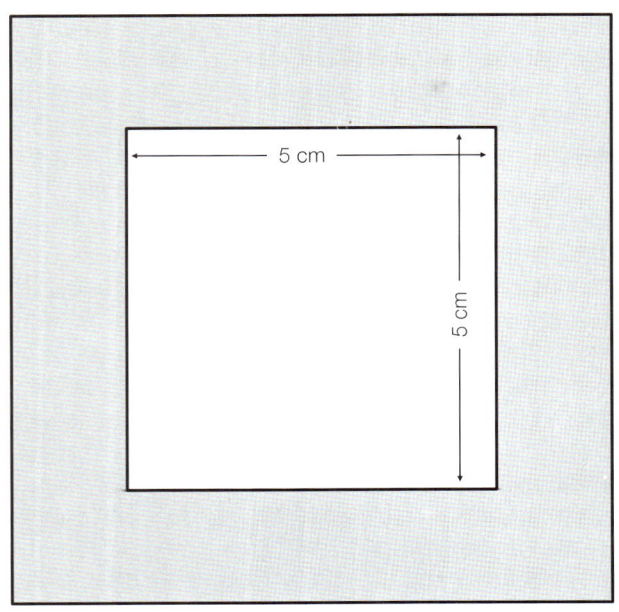

Findet ein Spieler zwei identische Karten, darf er sie aus dem Spiel nehmen und anschließend zwei weitere Karten aufdecken. Gewonnen hat, wer am Schluß die meisten Kartenpaare gefunden hat. Je mehr Kartenpaare für das Spiel gebastelt werden, desto interessanter wird es. Für drei bis vier Spieler sollten ca. 20 Motivpaare zur Verfügung stehen.

Zuschneiden der Kärtchen

Den Karton in kleine Quadrate einteilen, die mindestens 5 x 5 cm groß sind. Mit Lineal und Bleistift die Linien entsprechend vorzeichnen und mit dem Cutter ausschneiden.

Ausschneiden der Bildmotive

Für das Auswählen und Ausschneiden der Bildmotive wird eine Schablone angefertigt, die ein rasches und genaues Arbeiten ermöglicht. Die Pappe auf das Format von ca. 10 x 10 cm zuschneiden. Dann die gewünschte Größe des Memory-Kärtchens genau ausmessen, und mit 1 mm Zugabe für die Schnittbreite das Maß in die Mitte der Pappschablone mit Bleistift übertragen. Mit dem Cutter oder einem Tapetenmesser das Quadrat sorgfältig ausschneiden (Zeichnung). Nun lassen sich mit der Schablone interessante Bildausschnitte aus Zeitungen, Illustrierten, Werbe- oder Reiseprospekten aussuchen und entsprechend anzeichnen. Dazu mit dem Bleistift die Innenkanten des ausgeschnittenen Quadrates nachzeichnen. Für das zweite Kärtchenmotiv muß möglichst genau der identische Bildausschnitt gewählt werden.

Bekleben der Kärtchen

Die Bildmotive auf die Fotokartonkärtchen aufkleben, dabei müssen besonders die Ränder gut festgeklebt werden. Eventuell müssen die Kärtchen nochmals am Rand nachgeschnitten werden, wenn beim Bekleben das Motiv verrutscht ist oder eines der Quadrate nicht genau ausgeschnitten wurde.

Weiterführende Ideen

◆ BEMALTE ODER BUNT BEKLEBTE MEMORY-KÄRTCHEN: Die Herstellung eines Memory-Spiels läßt sich einfach variieren. So können die Kärtchen z.B. von den Kindern direkt bemalt oder ausgeschnittene Motive aufgeklebt werden.

 **MATERIAL & WERKZEUG** *Toilettenpapierrollen in beliebiger Anzahl, Tonpapier einer Farbe, Küchenmesser, Schere, Bleistift, Klebstoff, ca. 1,5 cm breites Klebeband Füllmaterial: Sand, kleine Steine, Reis oder Perlen in unterschiedlicher Größe, Getreide, Metallkleinteile wie Kronkorken, Schrauben, Nägel, etc.*

Klang-Memory

Das Spielen mit dem Klang-Memory trainiert das Hörvermögen. Je mehr Klangkörper gebastelt werden, desto größer ist der Spaß an diesem Spiel. Deshalb eignet es sich besonders für Gruppen.

Spielanleitung (ab 2 Spielern)

Das Klang-Memory ist eine Abwandlung des bekannten Bilder-Memorys (siehe Seite 34). Bei dieser Spielvariation werden die Paare aufgrund ihres gleichen Klangs herausgefunden, der beim Schütteln der Memory-Teile entsteht.

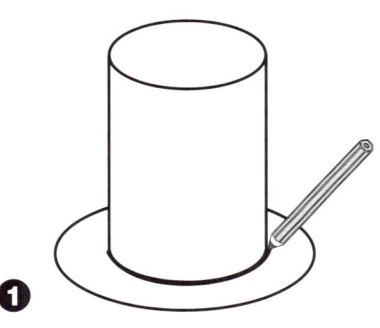

❶

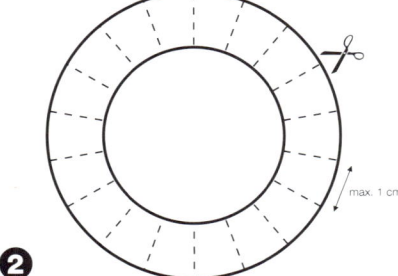

❷

max. 1 cm

Anfertigen der Rollenschachteln

Die Papprollen mit dem Messer halbieren und mit Tonpapier umkleben. Für Boden und Deckel jeweils einen Kreis ausschneiden. Sein Durchmesser sollte ca. 2 cm größer sein als der Durchmesser der Papprolle. Dazu den Rand der Rolle auf dem Tonpapier mit dem Bleistift nachzeichnen und den Kreis entsprechend vergrößert ausschneiden. Diesen Außenrand im Abstand von jeweils 1 cm gleichmäßig einschneiden (Zeichnung 1 und 2). Die Rolle senkrecht auf den zugeschnittenen Boden stellen, die einzelnen Papierstreifen nach oben biegen und an der Papprolle festkleben.

Füllen mit Klangmaterial

Nun die Rolle bis etwa zur Hälfte mit dem Klangmaterial füllen und mit dem Tonpapierdeckel verschließen. Zum Schluß den Papierrand mit Klebeband fixieren, damit sich die Verschlüsse beim Schütteln nicht lösen.
Nicht vergessen: Es müssen immer zwei Papprollen mit dem gleichen Klangmaterial gefüllt werden!

Weiterführende Ideen:

◆ KLANG-MEMORY AUS FILMDOSEN: Ein Klang-Memory kann man natürlich auch mit anderen kleinen Behältern basteln. Rasch hergestellt ist ein Spiel mit leeren Filmdöschen. Einfach beim Fotohändler nachfragen!

◆ MUSIK: Die Klangrollen lassen sich auch als Geräuschinstrument zur musikalischen Begleitung einsetzten. Die Kinder werden schnell den Klangeffekt verstärken wollen, indem sie z.B. Blechdosen statt der Papierrollen füllen. Auf diese Weise lassen sich einfache Rasseln entwickeln, die sich dann allerdings nicht mehr für ein Memoryspiel eignen.

Modellieren mit Leimpapier

Leimpapier läßt sich im Gegensatz zu Pappmaché einfacher verarbeiten und ist deswegen für jüngere Kinder geeignet.

ALTER   *ab 6 Jahren*

DAUER   *mindestens 2 x 30 Minuten, bei großen Werkstücken entsprechend mehr*

**MATERIAL & WERKZEUG**   *Zeitungen, Tapetenkleister, Eimer, Wasser, Stock oder großer Löffel zum Durchrühren*
für das Untergerüst: Pappe, Holz, Draht, Luftballon, Marmeladenglas zum Ausformen: z.B. Papprollen von Toilettenpapier, Papierwülste, kleine Schachteln etc.

Grundtechnik

Herstellen von Leimpapier

Den Tapetenkleister am Vortag nach Verpackungsanleitung in einem Eimer anrühren und über Nacht quellen lassen. Die Zeitungen in etwa handtellergroße Stücke reißen und satt mit Kleister einstreichen. Das geht am besten, wenn man den Zeitungsfetzen über den Eimer hält und ihn mit den Händen von beiden Seiten bestreicht.

Bekleben des Gerüsts

Die Papierstücke auf ein stabiles Untergerüst kleben, dabei sollte in gleichmäßigen Schichten gearbeitet werden. Je dicker die gesamte Schicht, desto haltbarer wird das Modell! Diese Grundform zunächst einmal trocknen lassen, am besten über Nacht. Anschließend weitere Schichten aufbringen.

Ausgestaltung

Die modellierten Gegenstände lassen sich mit Kleisterpapier anschließend schön ausgestalten. So können Papier-

würste als Augenbrauen, Papierkugeln als Augen bei einem modellierten Kopf dienen. Diese Formen müssen aber mit langen Papierstreifen nochmals sorgfältig überklebt werden, damit sie später nicht abfallen. Auch andere Materialien kann man mit dem Leimpapier am Grundkörper befestigen. Dient z.B. ein Drahtgestell als Grundform für ein Phantasietier, kann nach dem Aufbringen der Papierschichten eine Toilettenpapierrolle oder eine andere Form mit Kleisterpapier umklebt und mit eingearbeitet werden. Zum Schluß noch eine letzte Zeitungsschicht über das gesamte Modell kleben.
Aus Leimpapier können Figuren, Köpfe oder Masken, aber auch Schmuckstücke hergestellt werden. (siehe Seite 177, hier bildet ein Luftballon das Untergestell).

Weiterführende Ideen

◆ GROSSE OBJEKTE GESTALTEN: Beim Gestalten großer Objekte ist es besonders wichtig, mit einem Untergestell zu arbeiten und Trockenpausen einzuhalten. Als Gerüst eignet sich Holz oder Fliegendraht.

Modellieren mit Pappmaché

Pappmaché ist eine gut formbare Modelliermasse. Sie ergibt leichte und trotzdem recht stabile Formen, die sich im Gegensatz zur Verarbeitung von Leimpapier auch für feine Arbeiten eignet.

ALTER *ab 8 Jahren*

DAUER *1 x 2 Stunden und 2 x 1 Stunde*

MATERIAL & WERKZEUG *Zeitungen o. Eierkartons, Herd o. Tauchsieder, großer Kochtopf, Handrührgerät, Wasser, evtl. feines Küchensieb, Tapetenkleister, Schale, Schneebesen, evtl. Gips o. Schlämmkreide*

Grundtechnik

Herstellen von Pappmaché

Zeitungen und/oder Eierkartons in möglichst kleine Schnipsel reißen (nicht schneiden!). In einen Kochtopf füllen, mit Wasser bedecken und einige Minuten durchkochen lassen. Zur Weiterverarbeitung muß der Papierbrei abgekühlt sein. Wenn kein Herd zur Verfügung steht, genügt es auch, die Schnipsel mit kochendem Wasser, im Tauchsieder erhitzt, zu übergießen. Die Masse sollte in diesem Fall über Nacht einweichen.

Anschließend den Brei solange rühren und kneten, bis ein gleichmäßiger Faserbrei ohne feste Stückchen entstanden ist. Nun kann die Masse gut ausgedrückt und das überschüssige Wasser fortgeschüttet werden. Man kann dabei die Papiermasse in einem feinen Küchensieb ausdrücken oder einfach mit den bloßen Händen. Die Masse mit wenig angerührtem Tapetenkleister zu einem zähen Brei vermengen und etwa drei Stunden ziehenlassen. Dadurch entsteht eine feine Modelliermasse, die weder zu naß noch zu trocken sein sollte.

Verbessern der Konsistenz

Bröckelt die Masse beim Kneten, muß noch Kleister hinzugefügt werden. Ist sie zu naß, wird der Masse mit bereitgehaltenem ausgedrücktem Papierbrei wieder eine feste Konsistenz gegeben. Auch Gips erhöht die Festigkeit der Pappmaché-Substanz. Schlämmkreide eignet sich als Zusatzmaterial, da sie dem Einschrumpfen der Formen beim Trocknen entgegenwirkt.

◆ *Tip: Zu feuchter Pappmaché-Brei läßt sich nur schwer verarbeiten und kann beim Modellieren am Haltestock herunterrutschen. Daher etwas Gips bereithalten, um die Masse bei Bedarf zu festigen.*

**MATERIAL & WERKZEUG** *siehe Seite 39, zusätzlich: Woll- und Stoffreste, Schere, Schmirgelpapier, Abtön- oder Plakatfarben, nach Wunsch Seidenpapier, Klebefilm, Klebstoff, Pappstreifen, Besenstiel, Schnur*

Puppenköpfe

Pappmaché wird bevorzugt für die Herstellung von Köpfen für Marionetten, Puppen oder Handpuppen eingesetzt.

Modellieren der Grundform

Den Pappmaché-Brei wie zuvor beschrieben anrühren. Für das Modellieren des Puppenkopfes benötigt man zunächst einen Ständer. Dafür eignet sich ein Besenstiel, der vor Arbeitsbeginn an der Werkbank mit einer Schraubzwinge fest eingeklemmt oder, an einem Stuhl festgebunden wird. Beim Arbeiten im Freien wird der Holzstab in den Rasen gesteckt. Damit sich später das getrocknete Pappmaché vom Stab ablösen läßt, muß der Stab mit einem Streifen Pappe oder Backpapier am Ende eng umwickelt und festgeklebt werden. Dabei sollte der Streifen nicht am Holzstab selbst festgeklebt werden. Nun kann die Grundform modelliert werden. Dabei nicht vergessen, auch den Hals mit einzuplanen, an den später das Kostüm angebracht wird. Es ist wichtig, den Kopf zunächst recht groß zu arbeiten, denn er schrumpft beim Trocknen. Daher nach dem Gestalten der Grundform einen Trocknungsgang einlegen, am besten über Nacht. Die Details lassen sich später einfacher ausformen, zudem erhält man einen Eindruck, wie stark das Material durch das Trocknen zusammenschrumpft, um dies beim weiteren Arbeitsgang entsprechend einplanen zu können.

Damit die Grundform auch von innen her trocknet, wird sie nach dem Antrocknen vorsichtig vom Stock abgezogen.

Ausgestaltung des Kopfes

Anschließend werden die Gesichtsmerkmale ausgeformt. Je prägnanter und ausdrucksstärker, desto deutlicher wird der Charakter. Zum weiteren Ausgestalten wird der Kopf wieder auf den Besenstiel gesteckt. Augenbrauen, Nase, Kinn, Stirn, Augenlider und Ohren, aber auch Hörner oder sogar Beulen können jetzt mit Pappmaché-Brei auf der trockenen Form modelliert werden. Anschließend alles gut durchtrocknen lassen.

Nach dem Trocknen kann mit Sandpapier die eine oder andere Stelle abgeschmirgelt oder die gesamte Oberfläche geglättet werden. Man kann auch den Kopf mit Seidenpapierschnipseln (gerissen, nicht geschnitten!) und Kleister bekleben. Wenn dabei mit farbigem Papier gearbeitet wird, braucht der Kopf nicht bemalt zu werden.

Bemalen des Kopfes

Abschließend kann der Kopf mit leuchtenden Abtön- oder Plakatfarben bemalt werden. Haare, Bart, Mütze, Augenklappe oder sonstige Charakteristika der Figur lassen sich leicht aufkleben.
Der fertige Puppenkopf kann für eine Stock- oder Handpuppe, aber auch für eine Marionette mit passendem Gewand Verwendung finden. Ganz besonders wirkt die Puppe, wenn für sie Hände und Füße modelliert und an das Kostüm angenäht werden.

Weiterführende Ideen

◆ DAS GESTALTEN VON GEGENSTÄNDEN: Das Modellieren mit Pappmaché ist eine gute Vorübung

für die Arbeit mit Ton, denn mit der Papiermasse lassen sich viele Formen und Gegenstände arbeiten. Pappmaché wird auch gezielt für Probearbeiten eingesetzt, die später aus Ton oder anderer Modelliermasse gearbeitet werden.

Experimentieren mit Farben

Experimentieren mit Farbe

Kinder lieben Farben und können sich lange mit der Gestaltung von Bildern beschäftigen. Deshalb sollte man ihnen unterschiedliche Arten von Farben zur Verfügung stellen und sie in verschiedene Maltechniken einführen.

Das Experimentieren mit Farben bedeutet auch längeren hautnahen Kontakt mit dem Arbeitsmaterial. Deshalb sollten Produkte vermieden werden, die die Gesundheit der Kinder belasten. Dabei handelt es sich um Farben, die große Mengen organische Lösemittel, schwermetallhaltige Pigmente sowie problematische Konservierer wie z.B. Formaldehyd und Isothiazolone enthalten. Diese Stoffe können Gehirn, Nieren sowie andere Organe schädigen und gelten teilweise als krebsverdächtig. Zudem belasten sie in Herstellung, Gebrauch und Entsorgung die Umwelt. Diese „harten" Chemieprodukte, die glücklicherweise zunehmend aus den Fachgeschäften verschwinden, sind für dieses Werkbuch tabu. Denn es gibt Alternativen. Empfehlenswert sind Farben auf der Basis von natürlichen Rohstoffen. Diese können selbst hergestellt oder fertig gekauft werden. Meist bestehen Naturfarben aus Erd- und Mineralpigmenten oder Pflanzenextrakten. Bindemittel sind pflanzliche Harze und Öle wie Kolophonium, Dammar oder Leinöl. Als Lösemittel finden neben Was-

ser meist Terpene (Citrusschalenöl, Balsamterpentinöl) und z.B. Alkohol Verwendung. Da Terpene im Einzelfall allergisierend wirken bzw. Schleimhautreizungen und Kopfschmerzen auslösen können, haben einige Naturfarbenhersteller diese Lösemittel durch synthetische Stoffe wie z.B. Isoaliphate und gereinigtes Testbenzin ersetzt. Sie sind gesundheitlich unbedenklich, stammen aber aus der Erdölchemie. Deshalb sollten auch bei den Naturfarben lösemittelfreie Produkte bevorzugt werden. Ein großer Vorteil der Naturfarben liegt darin, daß ihre Inhaltsstoffe bekannt sind (Volldeklaration), also bewußt entschieden werden kann, mit welchen Stoffen man arbeiten möchte. Neben den alternativen Herstellern bieten inzwischen auch konventionelle Markenproduzenten solche Farben an. Sie sind i.d.R. schadstoffgeprüft und „CE"-gekennzeichnet. Unproblematisch und für viele Arbeiten ausreichend sind papierumhüllte Wachsmalstifte aus Bienenwachs und Kaolin, die mit Lebensmittel- oder Kosmetikfarben eingefärbt sind, ebenso

„CE"-gekennzeichnete Deck- und Aquarellfarben sowie Abtön- und Plakatfarben. Auch wenn einige Bestandteile solcher Farben chemischen Ursprungs sein können, dürften sie für Gesundheit und Umwelt keine großen Probleme machen. Aquarell- und Abtönfarben sowie Marmorier- und Stoffarben gibt es ebenfalls auf der Basis von natürlichen Rohstoffen. Zweite Wahl dagegen sind Farben, die zwar als Hauptlösemittel Wasser, aber trotzdem noch Anteile gesundheits- und umweltbelastender Chemikalien (Lösemittel und Konservierer) enthalten. Dazu gehören auch die Lackfarben, die mit dem Umweltzeichen „Blauer Engel" ausgezeichnet sind. Als Bindemittel werden in der Regel Acrylate und Alkydharze eingesetzt. Diese Kunststoffe gewinnt man ganz oder teilweise aus Erdöl. Ihre Herstellung belastet die Umwelt mit bedenklichen Nebenprodukten und Emissionen. Beim Umgang mit Farben sollte generell auf gründliches Lüften geachtet werden. Ebenso ist sparsamer Gebrauch des Materials sowie das Vermeiden von Hautkontakt angebracht.

Wachsmalstifte

Wachsfarben werden im Sortiment und einzeln angeboten. Sie sollten aus Bienenwachs und Kaolin (Porzellanerde) bestehen und mit Lebensmittel- oder Kosmetikfarben eingefärbt sein. Wachsmalstifte mit Papierumhüllung sind umweltfreundlicher als Stifte mit Plastikhüllen, dünne Stifte brechen leicht ab. Am besten bewahrt man alle Stifte zusammen in einer großen, stabilen Schachtel oder Dose auf. Wachsfarben werden auch in Form von Wachsblöcken angeboten.

Deckfarbe

Deckfarben, auch Wasserfarben genannt, sind Malfarben mit wasserlöslichen, ölfreien, leimartigen Bindemitteln und einem hohen Pigmentgehalt. Empfehlenswert ist der Kauf von Sortimentskästen, die Farben in Schälchen zum Nachfüllen enthalten. Für kleinere Kinder besser geeignet sind große, runde Farbblöcke oder Puks, die in den passenden Behältern (Schälchen) gestapelt aufbewahrt werden können.

Abtönfarbe

Abtönfarben sind mit Wasser verdünnbar. Sie sind sehr kräftig, leuchtend und ergiebig im Verbrauch, eignen sich daher besonders für das Bemalen großer Flächen. Die pigmentreiche Abtönfarbe besteht aus einer selbstemulgierenden Pigmentzubereitung auf Leinölbasis. Die Rohstoffe wie Pigmente, Füllstoffe und Bindemittel sind synthetischen und natürlichen Ursprungs. Der Geruch wird vom Bindemittel Leinöl bestimmt. Die Pigmente sind lichtecht und entsprechen in den Reinheitsanforderungen der europäischen Norm CE N 71.

Plakatfarbe

Plakatfarbe eignet sich für das Bemalen von Holz, Pappe, Glas, Stein, Metall und verschiedenen Kunststoffen. Die gut deckende Kasein-Emulsionsfarbe auf Wasserbasis trocknet schnell und samtartig matt auf. Nach dem Trocknen ist die Farbe wasserfest. Die qualitativ hochwertigen Rohstoffe (Pigmente, Füllstoffe und Bindemittel sind synthetischen und natürlichen Ursprungs. Die eingesetzten lichtechten Pigmente entsprechen in der Reinheit den Anforderungen der CE N 71. Sie besitzen eine hohe Lichtechtheit und sind sehr ergiebig im Verbrauch.

Aquarellfarbe

Aquarellfarben enthalten wenig Pigmente, sie lassen daher den Malgrund durchscheinen. Ihre Farbdichte ist jedoch hoch. Beim Kauf sollte man sich nach der Lichtechtheit erkundigen. Aquarellfarben werden hier nur für die Technik der Aquarellmalerei verwendet.

Marmorierfarbe

Mit der Marmorierfarbe ELAIO können verschiedene Materialien wie Papier, Baumwolle, Seide und Leinen marmoriert werden. Wichtig ist, daß die Gewebe appreturfrei, also vorgewaschen sind. Diese Farbe wird auf der Basis natürlicher Rohstoffe, wie Erd- und Mineralpigmente, Leinöl und Kreide hergestellt. Alle Inhaltsstoffe sind deklariert.

◆ *Tip: Alle farbverschmutzten Arbeitsgeräte dieser Farbarten können mit Wasser gereinigt werden.*

Pflanzenfarben herstellen

Kindern macht es Freude, Pflanzenteile selbst zu sammeln und daraus Farben herzustellen. Man sollte sie dabei auf naturbewußtes Verhalten aufmerksam machen. Also nur so viele Pflanzen sammeln, wie zum Färben notwendig sind. Die Pflanzenfarben ergeben sehr zarte Farbtöne.

ALTER *ab 9 Jahren*

DAUER *1 Stunde (reine Farbherstellung)*

MATERIAL & WERKZEUG *Pflanzenteile für die Farben (frisch oder getrocknet):*
Gelb: Rhabarberwurzeln
Rot: Hagebutten, Rote Bete
rötliches Blau: Brombeeren, Holunderbeeren
Grün: Brennesseln, Spinat, Farne
gelbliches Braun: Zwiebelschalen, Löwenzahnblüten
Braun: Kaffee, schwarzer Tee, grüne Walnüsse (zerstoßen)
weiter: Beutel zum Sammeln, Messer oder Gartenschere, mehrere große Töpfe mit Deckel, Kochplatte, Kochlöffel, größeres, engmaschiges Drahtsieb, Teesieb, Schüsseln, Trichter, verschiedene Gläser mit Schraubdeckel, Tapetenkleister, Handschuhe, Malkittel

 *TIP: Beim Abgießen der Farbe Handschuhe tragen! Manche Farben lassen sich später nur schwer von den Händen entfernen.*

Grundtechnik

Die für die gewünschten Farben benötigten Pflanzenteile sammeln, anschließend im Waschbecken säubern und bei Bedarf mit dem Messer zerkleinern. Sie können sowohl frisch als auch getrocknet verwendet werden.

In einem Topf etwa zwei Liter Wasser zum Kochen bringen. Vier bis sechs Handvoll Pflanzenteile hineingeben, umrühren und bei geringer Hitze mit geschlossenem Deckel ca. 30 Minuten kochen. Für intensivere Farben etwas mehr Pflanzenteile hinzufügen.
Den Topfinhalt ein wenig abkühlen lassen, dann die Farbe durch ein Drahtsieb in die Schüssel gießen, dabei die Pflanzenteile gut ausdrücken.
Erst der erkaltete Farbsud wird durch einen Trichter in das bereitgestellte saubere Glas gefüllt. Falls immer noch Pflanzenrückstände im Farbsud vorhanden sind, wird die Flüssigkeit nochmals durch ein Teesieb gegossen.
Rührt man etwa einen Teelöffel Kleisterpulver ein, wird die Farbe etwas dickflüssiger und läßt sich somit einfacher zum Malen verwenden.
Mit den selbst hergestellten Farben kann mit dem Pinsel direkt auf Papier gemalt werden. Sie sehen einzeln aufgetragen dekorativ aus, eignen sich aber nicht sehr gut zum Mischen, da es keine reinen und somit mischbaren Farbtöne sind. Werden sie gemischt, ergibt dies lediglich verschiedene unattraktive Brauntöne.
Das Sammeln der Pflanzenteile bereitet den Kindern viel Freude, ist jedoch auch mit dem entsprechenden Zeitaufwand verbunden. Bei Schwarztee, Kaffe und Zwiebeln ist die Beschaffung problemlos. Getrocknete Pflanzen, Beeren und Wurzeln sind auch in Apotheken erhältlich. Werden Pflanzenteile selbst zur Aufbewahrung getrocknet, sollten sie zerkleinert werden. Zum Trocknen die Pflanzen an einem luftigen Ort aufbewahren, damit sie nicht schimmeln. Gut geeignet sind Säckchen aus dünner Baumwolle, die aufgehängt werden können.

Rhabarber

Die Wurzeln können im Sommer ausgegraben, gesäubert und je nach Bedarf getrocknet werden. Aus den kräftigen Stielen kann man Kuchen oder Gelees zubereiten. Getrocknet erhält man die Wurzeln auch in der Apotheke. Sie sind sehr stark färbend, deshalb sollte man bei der Verarbeitung unbedingt Handschuhe tragen.

Hagebutten

Hagebutten werden ab Oktober am Waldrand gesammelt. Sie lassen sich unzerkleinert trocknen und aufbewahren. Vor dem Kochen im Färbebad werden die Hagebutten dann zerkleinert. Es ist nicht notwendig dazu Handschuhe zu tragen, allerdings können die Samen an empfindlichen Hautstellen einen starken Juckreiz auslösen.

Rote Bete

Rote Bete gibt es ab Frühsommer. Die harte Knolle läßt sich nur in schmalen Scheiben trocknen.

Brennesseln

Brennesseln findet man häufig an Böschungen oder Waldrändern. Sie werden knapp über dem Boden abgeschnitten. Zum Färben sind nur die Blätter geeignet. Mit festen Handschuhen vermeidet man den unangenehmen Juckreiz, der beim Berühren dieser Pflanze entsteht.

Spinat

Spinat ist ab Juni erhältlich und eignet sich ebenfalls zum Trocknen. Egal, ob Spinat frisch oder getrocknet verwendet wird, müssen zuvor die Stiele entfernt werden.

Farne

Sie können vom Frühling bis in den Herbst im Wald gesammelt werden. Die Farnwedel mit dem Messer abschneiden und nicht ausreißen, da sich Wurzelteile aus dem Boden lösen könnten. Auf jeden Fall sollten Handschuhe getragen werden. Manche Farnsorten haben recht scharfe Blätter, an denen sich die Kinder verletzen könnten.

Brombeeren

Die Brombeeren werden ab August an Waldrändern gesammelt. Sie lassen sich nur frisch verarbeiten. Zum Aufbewahren die Beeren einfrieren.

Holunderbeeren

Holunderbeeren sind von August bis Anfang September oft an Waldrändern, Böschungen und Strauchreihen zu finden. Sie werden mit den Dolden gekocht. Zur Verarbeitung unbedingt Malkittel oder Schürzen tragen! Die Obstflecken können nur schwer oder gar nicht mehr aus der Kleidung entfernt werden.

Löwenzahnblüten

Die Blüten werden zwischen Mai und Juni auf Wiesen und an Wegrändern gesammelt. Dabei Handschuhe tragen, denn der klebrige, milchige Saft verfärbt die Hände. Die Löwenzahnblüte wird als ganzes verwendet. Das Trocknen ist nicht empfehlenswert.

Grüne Walnüsse

Diese sammelt man vor der Reife. Sie werden mit einem Hammer zerkleinert. Beim Verarbeiten der Walnüsse Handschuhe tragen. Trocknen ist hier nicht möglich.

Weiterführende Ideen

◆ *DAS EINFÄRBEN VON STOFF ODER WOLLE:* Die Farben eignen sich auch zum Einfärben von Wolle, Stoffen oder Kleidung wie T-Shirts. Sie müssen nach dem Färben mit Essig fixiert werden. Dabei verwendet man einen Eßlöffel Essig auf ca. einen Liter Wasser.

◆ *EXPERIMENTIEREN:* Es macht viel Spaß, in der Gruppe gemeinsam weitere Pflanzen zu sammeln und zu probieren, ob auch sie Farbe abgeben (Achtung: Keine geschützten Pflanzen schneiden!).

◆ *FARBTAFEL:* Hübsch sieht eine Farbtafel mit eingefärbten Papierstreifen und den entsprechenden Pflanzen aus. Sie kann als Poster aufgehängt werden.

Malen mit Wachsmalstiften

**Schon kleinere Kinder kann man unbedenklich
mit Wachsfarben malen lassen.
Aber auch Schulkinder verwenden diese Farben gerne,
weil sie farbintensive Bilder entstehen lassen.**

 ALTER *ab 6 Jahren*

DAUER *ab 15 Minuten*

 **MATERIAL & WERKZEUG** *Wachsmalstifte, Malpapier (weißes oder farbiges Zeichenpapier, Papier vom Zeichenblock, Tonpapier), alte Zeitungen
zum Kratzen: Zahnstocher (evtl. schwarze Abtönfarbe), weißes Zeichenpapier DIN-A5-Format*

Kratztechnik

Bemalen

Das Blatt Papier mit Wachsfarben auf der gesamten Fläche deckend bunt bemalen. Anschließend das Bild völlig mit schwarzer Wachsfarbe abdecken. Um die Kontraste zu verstärken, evtl. darüber noch schwarze Abtönfarbe auftragen und trocknen lassen.

Auskratzen

Nun mit einem Zahnstocher (geeignet sind weiter: Schaber, dicke Nadel oder Schaschlikspieß) ein Bild in die schwarze Fläche hineinkratzen, die bunten Farben kommen dabei wieder zum Vorschein.

Weiterführende Ideen

◆ SCHABLONENBILD: Aus dickem Karton eine Schablone mit einem Motiv anfertigen und unter das Papier legen. Mit der Breitseite eines Wachsstiftes an dieser Stelle über das Papier streichen, so daß sich die Schablone farbig abdruckt. Durch mehrmaliges Verschieben und das Verwenden von verschiedenen Farben ergeben sich reizvolle Kontur- und Farbüberschneidungen.

◆ BÜGELTECHNIK: Für diese Technik werden folgende zusätzliche Materialien benötigt: Bügeleisen, weißes Zeichenpapier oder Butterbrotpapier
Das Blatt Papier in der Mitte falten und wieder aufklappen. Auf eine Hälfte innen mit Wachsfarben ein Muster zeichnen, dabei die Farben sehr dick auftragen. Nun das Papier erneut zusammenfalten. Auf einer alten Zeitung mit einem Bügeleisen, Einstellung „Baumwolle", über das Papier bügeln. Durch die Wärme schmelzen die Wachsfarben und die Konturen verschwinden. Diese Technik läßt sich auch auf Butterbrotpapier anwenden.

Malen mit Deckfarbe

Eindrucksvolle Bilder entstehen in unterschiedlichen Techniken. Der Umgang mit Deckfarben ist einfach, da die Kinder ohne größere Vorbereitungen mit dem Malen beginnen können. Dabei werden Kreativität und ästhetisches Empfinden gefördert.

ALTER *ab 6 Jahren*

DAUER *ab 20 Minuten*

MATERIAL & WERKZEUG *Deckfarbe (Rot, Gelb, Blau, Schwarz), Deckweiß, Haar- und Borstenpinsel (Nr. 4, 8 und 12), Wasserglas, Stofflappen, kleine Behälter zum Farbenmischen (z.B. Schraubdeckel), weißes Zeichenpapier, Zeitungspapier, Malkittel*

Grundtechnik

Gemalt wird mit Haar- und Borstenpinseln. Haarpinsel sind wesentlich feiner als Borstenpinsel und eignen sich je nach Pinselgröße für feine bis flächige Partien. Etwas ältere oder in der Malerei geübte Kinder können mit diesem Pinsel umgehen. Für Jüngere, die üblicherweise den Pinsel fest auf das Papier aufdrücken, sind Borstenpinsel geeignet, die wesentlich robuster sind. Den Pinsel kurz in das mit Wasser gefüllte Glas tauchen und dann damit die Farbe aufnehmen. Je weniger Wasser der Pinsel enthält, desto intensiver fällt der Farbauftrag aus. Beim Malen wird nur die Pinselspitze benutzt. Für größere Flächen wird der Pinsel Nr. 12 verwendet. Vor jedem Farbwechsel muß der Pinsel im Wasserglas ausgespült und auf dem Stofflappen abgetupft werden. Deckfarben lassen sich gut mischen, es genügt daher für den Anfang die Anschaffung der Grundfarben.

MATERIAL & WERKZEUG *siehe Seite 50, Naß-in-Naß-Technik, zusätzlich: Schwamm, Knittertechnik, zusätzlich: Bügeleisen*

Naß-in-Naß-Technik

Das Malpapier mit einem Schwamm anfeuchten. Anschließend auf das feuchte Papier mit dem Pinsel die Deckfarben auftragen. Die Farben verlaufen auf dem nassen Grund und es entstehen überraschende Muster in zarten Farbtönen. Mit etwas Übung lassen sich auch gezielte Formen malen. Diese Technik eignet sich besonders für das Gestalten von Blüten oder Blumenwiesen (siehe Abb. Seite 50).

Knittertechnik

Das Papier zunächst gründlich mit den Händen zerknittern, wieder glattstreichen, anfeuchten und mit den Deckfarben bemalen. Die Farben fließen wie bei der Naß-in-Naß-Technik ineinander, sammeln sich aber zudem noch in den Knitterfalten. Das ergibt interessante Effekte, die dem jeweiligen Bild eine zusätzliche Struktur geben. Beim Malen entdecken Kinder, daß aus den Grundfarben Mischtöne entstehen. Das Bild auf der Rückseite mit dem Bügeleisen glätten.

ALTER	*ab 6 Jahren*
DAUER	*ca. 15 Minuten*
MATERIAL & WERKZEUG	*siehe Seite 50, zusätzlich: Trinkhalme*

Pustetechnik

Mit dem nassen Pinsel die Deckfarbe sehr flüssig aufnehmen und als Tropfen auf das Zeichenpapier aufbringen. Anschließend die Farbe vorsichtig mit Trinkhalmen über das Papier pusten.

Mit dieser Technik experimentieren Kinder besonders gerne, da sich phantasievolle Bilder zu Themen wie „Traumpflanzen", „Aquarium" oder „Dschungel" herstellen lassen.

Weiterführende Ideen

◆ TRICKBILDER: Zum Thema „Winter" oder „Schnee" entstehen eindrucksvolle Bilder, wenn man zunächst mit weißer Wachsfarbe oder flüssigem Klebstoff ein entsprechendes Motiv auf ein Blatt Papier zeichnet und das Blatt mit dunkler Deckfarbe vollständig übermalt. Die zuerst aufgetragenen Flächen erscheinen weiß.

◆ ROLLBILDER: Zeitungspapier auf dem Fußboden ausbreiten, einen großen Bogen Papier darauflegen und in Farbtöpfchen eingetauchte runde Gegenstände wie Murmeln oder Perlen über das Papier rollen lassen. Das macht den Kindern viel Spaß und liefert interessante Muster.

◆ KLATSCHBILDER: Ein Blatt in der Mitte falten und wieder öffnen. Die eine Hälfte mit Deckfarben bemalen, noch feucht wieder zusammenfalten und fest darüberstreichen, so erscheint das Motiv spiegelverkehrt auf der zweiten Hälfte. Mit dieser Technik lassen sich z.B. hübsche Schmetterlinge gestalten.

◆ SCHNURBILDER: Eine Schnur in Deckfarbe tauchen und in ein zur Hälfte gefaltetes Blatt so hineinlegen, daß ein Ende über den Rand hinausragt. Mit einer Hand das Papier gut zusammenpressen, mit der anderen die Schnur unter dem Papier hervorziehen. Legt man die Schnur mehrmals zwischen das gefaltete Papier, ergeben sich dekorative Muster.

53

Malen mit Abtönfarbe

Abtönfarben eignen sich zum Bemalen großer Flächen oder zum Drucken auf Papier. Materialien wie Holz, Tapeten oder Packpapier können mit diesen Farben bunt gestaltet werden.

ALTER *ab 6 Jahren*

DAUER *ab 15 Minuten*

 **MATERIAL & WERKZEUG** *Abtönfarben (Rot, Blau, Gelb, Weiß, Schwarz) Haar- und Borstenpinsel (Nr. 4, 8 und 12), Gläser mit Schraubverschluß zum Abfüllen der Farben, kleine Gläser zum Farbenmischen, Zeichenpapier oder Pappe, Zeitungen, Malkittel*

Grundtechnik

Vor dem Verwenden der Farbe wird der Farbbehälter gut geschüttelt. Farbreste in den Flaschen werden am besten in Gläser gefüllt, da die Kinder sonst nur schwer mit dem Pinsel an den Grund der Flasche gelangen. Bei Bedarf können die Farben mit wenig Wasser verdünnt werden, bis sie eine sahneähnliche Konsistenz erhalten. Die Farben werden am besten mit dem Pinsel auf Papier oder Pappe aufgetragen. Die Trockenzeit beträgt etwa zwei Stunden.

Abtönfarben eignen sich zum Mischen. Als Ausstattung genügen daher zu Beginn die drei Grundfarben sowie Weiß und Schwarz.

MATERIAL & WERKZEUG *siehe Seite 54, zusätzlich: Zeichenpapier im Format DIN-A-2 oder DIN-A-1, Tapetenkleister, Gabel oder selbstgefertigter Kamm aus Pappe, Bügeleisen, Bienenwachs*

Kleisterpapier

Kleister nach der Packungsanleitung anrühren. Ein großes Stück Papier im Format DIN-A-2 oder A-1 auf ausgelegten Zeitungen ausbreiten und den Kleister mit einem dicken Pinsel aufstreichen. Anschließend mit einem Pinsel großzügig Abtönfarben daraufspritzen und mit einer Gabel oder einem „Kamm" aus Pappe das Muster malen. Für den Kamm werden in regelmäßigen Abständen die Zwischenräume der Pappzinken ausgeschnitten. Vor allem wenn größere Papiere gestaltet werden, sollte mit dem Pappkamm gearbeitet werden. Die Farbe über Nacht trocknen lassen. Um das Papier wieder zu glätten, wird es von der Rückseite mit der Einstellung „Baumwolle" gebügelt. Wenn man das Papier mit Bienenwachs einreibt, erhält es einen matten Glanz.

Weiterführende Ideen

◆ KARTONHÄUSER: Mit Abtönfarben lassen sich besonders große Papiere oder Kartonagen gestalten. Aus großen Kartons lassen sich Häuser und Höhlen bauen, die die Kinder dann mit Abtönfarben bemalen können. Dabei muß der Fußboden großzügig mit Zeitungspapier ausgelegt werden.

◆ MALEN AN DER WAND: Ein 2 x 2 m großes Stück abwaschbarer Tapetenrest wird an einer Wand stabil befestigt, so daß etwa 30 cm des Fußbodens mit abgedeckt sind. Hier wird nun mit Klebestreifen Makulaturpapier (erhältlich bei Zeitungsdruckereien, Tapetenhandel) aufgehängt. Das Papier nicht zu hoch befestigen, damit die Kinder bequem an das gesamte Papier gelangen können. Nun kann ein großes Bild mit der Gruppe gestaltet werden.

◆ TONPAPIER SELBST HERSTELLEN: Auf festes weißes Tonpapier Abtönfarben flächig, nach Wunsch auch beidseitig, auftragen. Dieses selbstgefärbte Tonpapier kann dann für Bastelarbeiten verwendet werden.

Marmorieren

Das Entstehen neuer Farben und die Formenvielfalt der Marmormuster bieten Kindern Anreiz zum Experimentieren.

 **ALTER** *ab 8 Jahren*

DAUER *ab 30 Minuten*

MATERIAL & WERKZEUG *Marmorierfarben ELAIO auf Wasserbasis von Livos, Pinsel oder Pipette, ELAIO Marmoriergrund, Schale oder Schüssel, Schneebesen, Zahnstocher, alter Kamm oder Gabel, saugfähiges Papier, flaches, großes Gefäß (ca. 3 bis 4 cm tief), z. B. Fotowanne, möglichst fließendes Wasser am Arbeitsplatz, Zeitungspapier, Küchenpapier, Sieb, Malkittel*

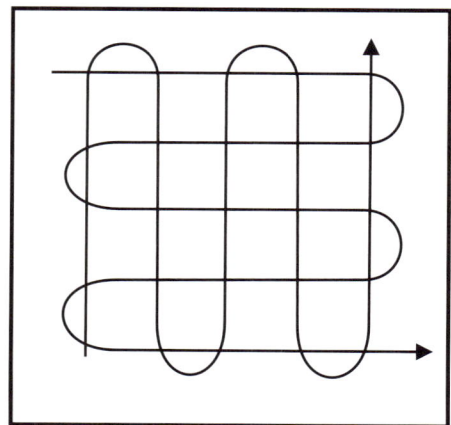

Grundtechnik

Marmoriergrund und Farbauftrag

Der Marmoriergrund wird langsam streuend in ein Gefäß mit Leitungswasser eingerührt (5 g pro Liter). Falls sich kleine Klumpen bilden, muß die Masse durch ein Sieb filtriert werden. Anschließend in die Fotowanne oder ein altes Backblech gießen. Der ELAIO-Marmoriergrund kann mehrmals verwendet werden (250 ml sind für ca. 30 DIN-A5 Papier-Marmorierungen ausreichend). Die wasserlöslichen Marmorierfarben werden mit Pinsel oder Pipette dünn auf den Grund aufgetragen (kreisrunde Ausbreitung der Farbtropfen ca. 4 bis 5 cm). Tropft zuviel Farbe auf den Marmoriergrund, können sich diese dicken Farbtropfen absenken; zuviel Farbe wird mit etwas Zeitungspapier vorsichtig abgetupft. Die Farbe wird wie folgt zu einem Muster verzogen.

Formen von Mustern

Das Muster wird durch Verziehen der Farben mit einem Zahnstocher oder einem selbstgemachten Kamm aus Karton gebildet. Dabei verbinden sich die Farbtropfen auf dem Kleistergrund und es entstehen Mischfarben. Grundsätzlich werden beim Marmorieren verschiedene Arten von Mustern unterschieden, z.B. Stein-, Kamm- oder Pfauenmuster. Diesen Musterungen liegen spezielle Zugtechniken zugrunde. Da hier nur die einfache und für Kinder machbare Grundtechnik vermittelt werden soll, genügt es, mit Zahnstocher oder Kamm zu experimentieren, denn auch dadurch entstehen interessante Muster.

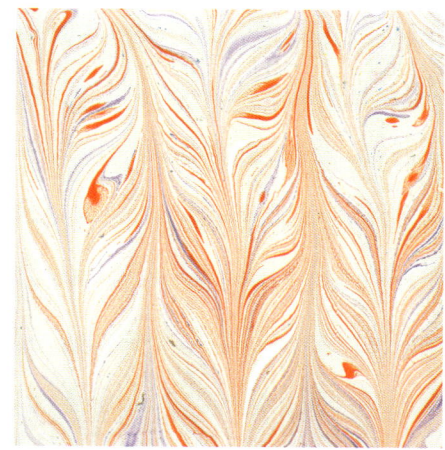

Auf diese Weise lassen sich sehr einfach dekorative Papiere gestalten.

Beim „Zeichnen des Musters" auf dem Marmoriergrund stets vorsichtig arbeiten und darauf achten, daß Zahnstocher oder Kamm nur an der Oberfläche bewegt werden. Bei Beschädigung des Grundes senkt sich die Farbe an diesen Stellen auf den Wannengrund ab oder der Marmoriergrund mischt sich mit der Farbe. Dadurch entstehen später farblose oder extrem helle Stellen auf dem marmorierten Papier. Eine Intensivierung der Farbeffekte ergibt sich, wenn zusätzlich Schwarz und Weiß verwendet werden. Diese Farben aber vorsichtig dosieren.

Färben des Papiers

Ist das Muster fertig, wird ein Papier aufgelegt und vorsichtig mit den flachen Händen angedrückt. Auf der Rückseite erkennt man, wann das Papier Farbe angenommen hat. Ist dies an allen Stellen des Papiers geschehen, hebt man es an zwei Ecken der Schmalseite hoch und zieht es langsam ab.

Reinigen und Trocknen des Papiers

Das Blatt mit Resten des Marmoriergrunds wird sofort unter Leitungswasser abgespült und anschließend zum Trocknen (ca. 72 Stunden) auf einer Zeitung ausgebreitet. Es kann später eventuell von der Rückseite gebügelt werden. Das marmorierte Papier aber niemals zum Trocknen auf einen Heiz-

körper o.ä. legen. Dadurch würden sich Wellen und braune Flecken im Papier bilden.

Aufbereiten des Marmoriergrundes

Vor dem Marmorieren eines neuen Papiers sollten alle Farbreste auf der Oberfläche des Marmoriergrundes durch Auflegen von Zeitungen oder Küchenpapier entfernt werden. Abgesunkene Farben stören nicht.

 *siehe Seite 58, zusätz- lich: Zeichenpapier DIN- A4-Format, Briefumschläge*

◆ *Tɪᴘ: Aus Marmorpapieren, die weniger gelungen sind, können oft noch schöne Bereiche ausgeschnitten werden. Diese eignen sich beispielsweise für Geschenkanhänger oder Lesezeichen.*

Briefpapier mit marmoriertem Rand

Das Briefpapier wird in der Fotowanne oder einem alten Backblech wie zuvor beschrieben marmoriert. Damit für den Text genügend Platz bleibt, die Farben so auf den Marmoriergrund auftragen, daß nur der Rand des Papiers eingefärbt wird. Das Papier wie auf Seite 58 beschrieben marmorieren. Anschließend den Marmoriergrund unter fließendem Wasser abwaschen und trocknen lassen. Sobald das Papier vollständig getrocknet ist, auf der Rückseite bügeln, damit es sich wieder glättet.
Nach Wunsch können auch die Briefumschläge marmoriert werden. Dabei ist es wichtig, die Umschläge während des Trocknens zu öffnen, damit sie nicht zusammenkleben.

Weiterführende Ideen

◆ ᴅᴀs ʙᴇᴢɪᴇʜᴇɴ ᴠᴏɴ ꜱᴄʜᴀᴄʜᴛᴇʟɴ: Größere marmorierte Papiere eignen sich gut zum Einschlagen von Büchern und zum Beziehen von Schachteln.

Aquarellmalerei

Charakteristisch für das Aquarellieren sind die zarten, transparent wirkenden Farbtöne, die durch das Mischen entstehen.

 **ALTER**   *ab 10 Jahren*

DAUER   *ab 45 Minuten*

ZUSÄTZLICHES WERKZEUG   *Aquarellpapier oder -karton (für Naßtechniken mit rauher Oberfläche), Aquarellfarben (Rot, Blau, Gelb, Schwarz), Haarpinsel in 3 bis 4 unterschiedlichen Größen, Wasserglas, Teller Papierklebeband, starke Pappe (etwas größer als das Aquarellpapier), Schwamm*

Grundtechnik

Die Materialien für die Aquarellmalerei werden in der Arbeit mit Kindern weniger häufig verwendet. Deshalb wird hier nur die Grundtechnik beschrieben.

Vorbereiten des Aquarellpapiers

Das Papier mit einem Schwamm anfeuchten, dann auf ein Stück Pappe legen und mit dem Klebeband an allen vier Seiten so befestigen, so daß es überall gespannt ist. Dieser Arbeitsschritt ist notwendig, damit sich das Aquarellpapier später beim Trocknen nicht wellt.

Gestaltung des Bildes

Mittels einer vorbereiteten Farbkarte können die Kinder die Vielzahl der Mischtöne, die sich durch das Mischen der Aquarellfarben erreichen lassen, gut erkennen. Die Aquarellfarben mit Wasser anrühren, auf einen Teller oder eine Kachel auftragen und bei Bedarf mit anderen Farben mischen. Ein Aquarellbild muß gut geplant sein und rasch ausgeführt werden. Im ersten Arbeitsschritt beginnt man mit dem Auftragen der Hintergrundfarben. Sie werden mit kräftigem Pinselstrich - nur mit der Pinselspitze malen - von links nach rechts gleichmäßig auf dem Papier verteilt. Die Pinsel müssen bei jedem Farbwechsel ausgewaschen werden.
Nach dem Trocknen erfolgt die farbliche Gestaltung der einzelnen Bildabschnitte und Motive. Konturen und feine Strichführungen, wie beispielsweise die Felskonturen, können zum Schluß mit etwas angetrockneter Farbe eingearbeitet werden.

**Genaues Vorplanen der farblichen Gestaltung
und eine sorgsame Fertigstellung der Bilder spielen
bei der Aquarellmalerei eine wichtige Rolle.**

Nachbereitung

Die Pinsel müssen gleich nach dem Malen mit viel Wasser gründlich gereinigt werden. Damit sich die Pinselhaare wieder zu einer Spitze formen, werden die Pinsel mit den Fingern ausgedrückt und zur Spitze geformt.

Weiterführende Ideen

◆ AQUARELLBILDER ALS GESCHENKE: Auf edles Büttenpapier aquarellierte Bilder sind schöne Geschenke für Eltern, Verwandte und Freunde. Landschaften mit einzelnen Blickpunkten wie Häuser, Bäume, Schiffe oder Menschen eignen sich besonders als Motive für die Aquarellmalerei.

◆ EINFÜHRUNGSKURS: „Aquarellmalerei" kann an einem Elternabend oder Nachmittag für Eltern und ältere Kinder angeboten werden.

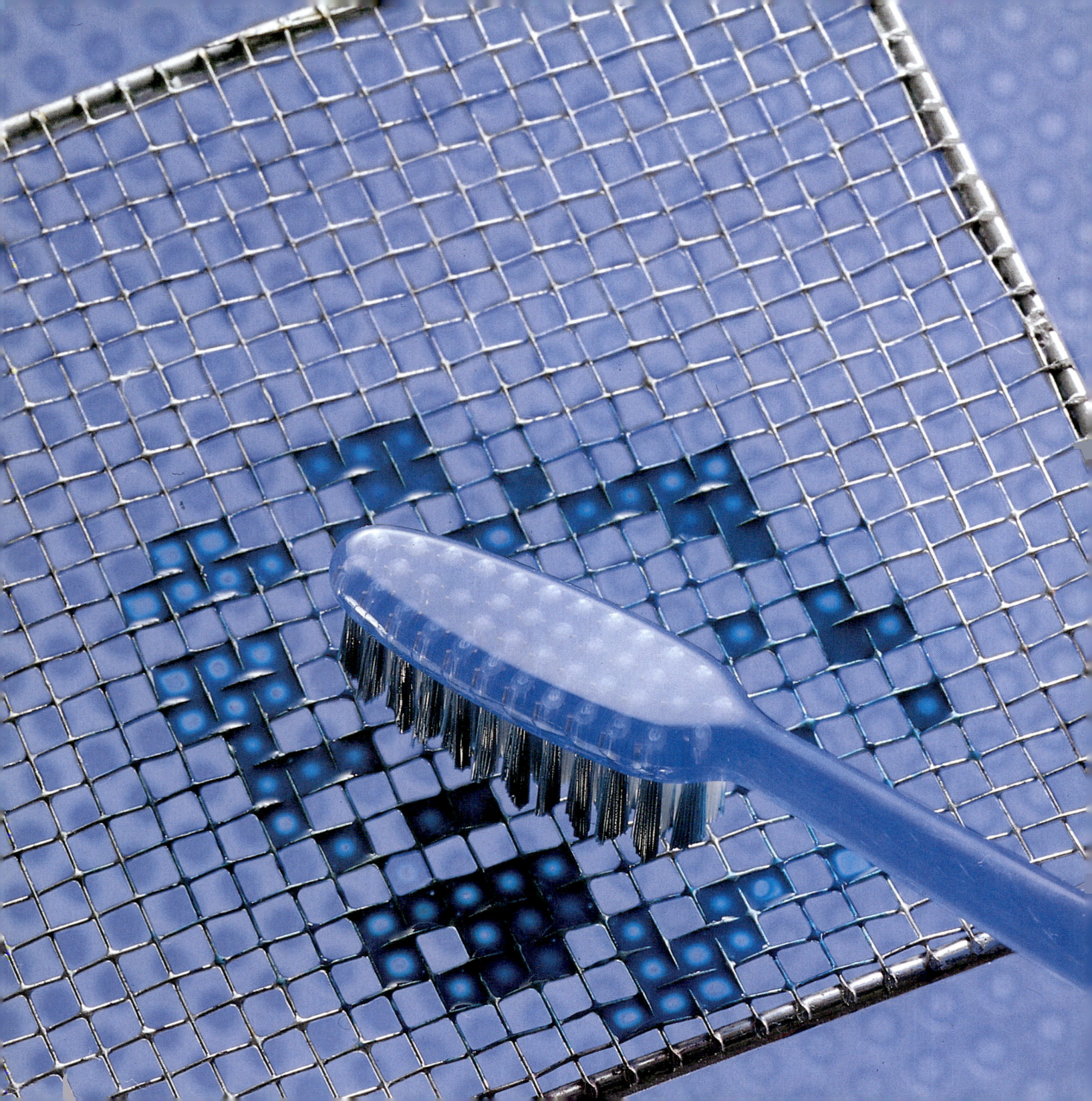

Spritzen, Stempeln, Drucken

Spritzen, Stempeln, Drucken

Drucken ist eine sehr alte Kunst. Man unterscheidet zwischen vier verschiedenen Drucktechniken: dem Hoch-, Tief-, Flach- und Schablonendruck.

Es gibt viele ökologisch unbedenkliche Materialien, die sich zum Drucken eignen: Blätter, Korken oder Wolle – Kartoffelstempel oder Linoldruckplatten. Für die meisten Arbeiten ausreichend sind Deckfarben von Markenherstellern sowie lösemittelfreie Abtön- und Stoffdruckfarben auf Naturstoffbasis. Für den Linoldruck bietet der Fachhandel auch spezielle Linoldruck-Wasserfarbe an. Diese sollte schadstoffgeprüft sein und möglichst natürliche Inhaltsstoffe enthalten. Wenn nicht genügend Hinweise auf der Verpackung zu finden sind, sollte beim Hersteller nach den eingesetzten Stoffen gefragt werden. Lassen Sie sich sicherheitshalber Prüfzertifikate vorlegen.

Hochdruck

Für den Hochdruck werden auf einer Druckplatte durch Ätzen, Schneiden, Ritzen oder Stechen alle Flächen entfernt, die später beim Drucken ausgespart bleiben sollen. Die Farbe haftet dann auf den erhabenen Flächen (Zeichnung 1). Zur Herstellung eines Druckstocks eignen sich verschiedene Materialien, wie z.B. Kartoffeln, Linolplatten. Die bekanntesten Hochdrucktechniken sind der Linol- und der Holzschnitt.

Hochdruck

Tiefdruck

Beim Tiefdruck werden in eine Metall- oder Kunststoffplatte Linien oder Flächen geritzt, gestochen oder geätzt. In den Vertiefungen sammelt sich die Farbe, der Rest wird abgewischt. Das Druckergebnis zeigt alle ausgesparten Flächen, die erhabenen erscheinen als weiße Flächen. Hier bleibt die Druckfarbe erhalten, wenn die Oberfläche der Platte wieder gereinigt wird (Zeichnung 2). Zu den Tiefdrucktechniken gehört z.B. die Kaltnadelradierung.

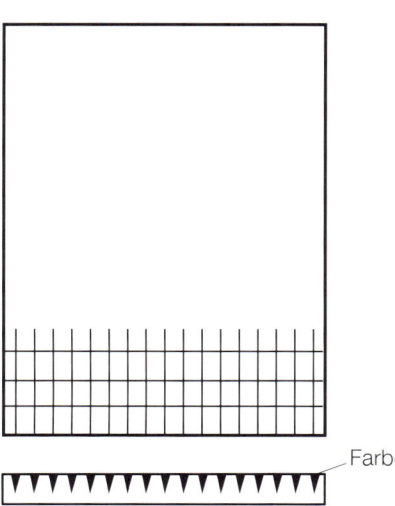

Tiefdruck

Flachdruck

Druckende und nichtdruckende Flächen liegen beim Flachdruck, auch Lithographie genannt, auf einer Ebene. Bereiche, die im Druck nicht erscheinen, werden mittels eines speziellen Verfahrens imprägniert. Die Druckfarbe wird an diesen Stellen durch die Imprägnierung abgestoßen, so daß diese Flächen frei bleiben.

Schablonen- und Siebdruck

Für den Schablonen- wie auch für den Siebdruck werden farbundurchlässige Schichten als Schablone auf gespannte Siebdruckseide gelegt. Die Druckfarbe wird nur an den umliegenden Stellen, durch die Seide, auf das zu bedruckende Material übertragen.

Material und Werkzeug

Druckfarben

Für gelungene Druckergebnisse sind neben dem Druckstock (das Material ist von der gewählten Drucktechnik abhängig) die geeigneten Druckfarben von Bedeutung. Für den Linolschnitt werden wasserlösliche Linoldruckfarben verwendet, die sich auch für das Drucken mit Materialien wie beispielsweise Gummi, Kork oder Holz eignen. Mit Deckfarben läßt sich die Spritztechnik und der Kartoffeldruck gut ausführen. Abtönfarben oder Linoldruckfarben sind für den Kartoffeldruck einsetzbar.
Da alle Farben mischbar sind, genügen zunächst die jeweiligen Grundfarben Gelb, Rot, Blau und zusätzlich Weiß und Schwarz. Keinesfalls dürfen die Druckfarben durch Hinzufügen von Wasser zu flüssig werden. Druckfarben sind grundsätzlich etwas zähflüssiger als vergleichsweise Farben, die zum Malen verwendet werden.

Farbplatten

Als Farbplatten können dicke Glasplatten (ca. 30 x 20 cm, 1 cm dick), deren Ränder mit Klebestreifen gesichert wurden, Marmorplatten (ca. 30 x 20 cm, 1 cm, dick), große Kacheln oder größere Linoleumreste dienen. Auf die Platten wird Druckfarbe aufgetragen und mit der Farbwalze aufgenommen. Wichtig ist eine glatte und abwaschbare Oberfläche.

Walzen

Zum Drucken sollten mehrere Walzen griffbereit sein. Sie müssen einen stabilen Griff und einen ungehinderten Lauf haben. Mit kleinen Walzen wird die Farbe von der Platte aufgenommen und auf den Druckstock abgewalzt. Damit nicht bei jedem Farbwechsel die Farbe von der Walze abgewaschen werden muß, ist es ratsam, für jede einzelne Farbe eine Walze bereitzulegen. Mit einer größeren Walze wird das Papier auf dem Druckstock gewalzt. Die Walzen werden nach Abschluß des Druckens gründlich mit Wasser gereinigt.

Spritztechnik

Der Spritztechnik liegt das Freilassen von Flächen durch Schablonen zugrunde. Kinder lernen hier das Grundprinzip der Aussparung beim Drucken. Sie ist eine wesentliche Voraussetzung für schwierigere Druckverfahren.

ALTER *ab 6 Jahren*

DAUER *ca. 30 Minuten*

MATERIAL & WERKZEUG *Zeichenpapier, Haarpinsel Nr. 6, Deckfarben, alte Zahnbürsten, Karton für die Schablonen, Spritzsiebe in verschiedenen Größen, Zeitungen, Stecknadeln, Malkittel*

Grundtechnik

Zunächst aus Karton oder festem Papier Schablonen mit einfachen, gut erkennbaren Motiven herstellen und auf dem Papier anordnen. Die Schablonen mit einigen Stecknadeln befestigen, damit sie nicht verrutschen.

◆ *TIP: Den Arbeitsplatz ausreichend mit Zeitungspapier abdecken, da die Farben weit spritzen.*

Mit dem Pinsel die Deckfarben gut anrühren und mit der Zahnbürste im Farbtöpfchen kreisen, bis genügend Farbe aufgenommen ist. Für den Farbauftrag streicht man mit der Zahnbürste mehrmals über das Spritzsieb und verteilt so die Farbe als Spritzpunkte über das Papier, die Fläche unter der Schablone bleibt frei. Damit sich die Farbe in feinen Spritzern verteilt, darf die Zahnbürste nicht zu feucht sein. Mischtöne entstehen durch die Überlagerung von verschiedenfarbigen Spritzschichten. Reizvoll sind auch einfarbige Abstufungen, die durch das Verschieben der Schablone entstehen. Diese

Technik fordert zum Experimentieren auf, da schon mit wenigen oder nur einer Schablone interessante Bilder gestaltet werden können.

Einschablonenbild
Ein einzelnes Motiv wird durch mehrmaliges Verschieben der Schablone zur Bildgestaltung verwendet (siehe Abb. oben).

Mehrschablonenbild

Unterschiedliche Schablonen, die zum Teil übereinanderliegen und immer wieder beliebig verschoben werden können, lassen ein Bild voller Bewegung entstehen (siehe Abb. unten).

Positiv-Negativ-Schablonenbild

Interessante Effekte entstehen durch die Verwendung von Positiv- und Negativschablonen, die wie bei den zuvor beschriebenen Scha-

blonenbildern an verschiedenen Stellen des Papiers überspritzt werden (siehe Abb. rechts). Bei der Positivschablone erscheinen nur die Motivkonturen und der Motivrahmen. Hierzu wird das Motivteil aus der Schablone herausgeschnitten. Beim Schablonieren wird das Motiv farbig. Die Negativschablone entspricht den zuvor beschriebenen. Das Motiv selbst ist die Schablone und wird von der Farbe entsprechend ausgespart.

Weiterführende Ideen

◆ SCHABLONENBILDER MIT TAFELKREIDE: Man kann Schablonenbilder auch ohne Sieb nur mit farbiger Tafelkreide anfertigen. Die Kreide rund um die Schablone auftragen und dann mit den Fingern auf dem Zeichenpapier verwischen.

Kartoffeldruck

Beim Kartoffeldruck lernen Kinder mit geringem Material-aufwand, Druckstöcke selbst herzustellen.

ALTER *ab 7 Jahren*

DAUER *ca. 45 Minuten*

MATERIAL & WERKZEUG *Stempel: feste rohe Kartoffeln, Kugelschreiber, kleines spitzes Küchenmesser mit glatter Schneidefläche Drucken: Deckfarben, Pinsel, Baumwollappen, Zeichenpapier für Probedruck und Druck*

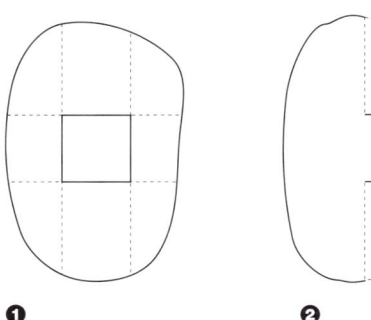

❶   ❷

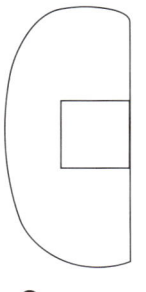

❸

Grundtechnik

Das Anfertigen des Stempels

Bevor mit dem Anfertigen des Stempels begonnen wird, sollte die Kartoffel gut gewaschen werden, damit beim Drucken keine Erde auf das Papier oder einen anderen zu bedruckenden Untergrund kommt.

Einfacher Stempel

Bereits eine in der Mitte zerschnittene Kartoffel ergibt zwei Druckstempel. Dies ist die einfachste Form des Kartoffelstempels, der sich für einfache Muster und Vorübungen eignet. Die Schnittflächen werden mit dick angerührter Deckfarbe bemalt und fest auf das Papier gedrückt. Verschieden große Ovale entstehen, wenn die Kartoffel in ca. 1,5 cm dicke Scheiben geschnitten wird. Jede Scheibe kann beidseitig zum Drucken verwendet werden.

Motivstempel

Das Motiv wird mit einem Messer aus der halbierten Kartoffel geschnitten. Man sollte zunächst mit einfachen eckigen Formen wie einem Viereck und Dreieck beginnen, runde Formen wie Kreise oder Bögen erfordern etwas Übung. Die gewünschte Form in die Mitte der Schnittfläche mit einem Kugelschreiber vorzeichnen. Dabei auf zu viele und sehr kleine Details verzichten, sie könnten beim Stempeln abbrechen. Das Kartoffelstück auf den Tisch legen, mit einer Hand festhalten und mit dem Küchenmesser entlang der angezeichneten Linie etwa 1,5 cm tief in die Kartoffel einschneiden. Anschließend die Kartoffel auf die Seite drehen, am Ende festhalten und vorsichtig in 1 cm Breite bis zur ersten Schnittstelle schneiden. Das Kartoffelteil fällt ab, die erste Seite des Druckstempels ist freigelegt. Die restlichen Seiten des Motivs ebenso zuschneiden (Zeichnung 1 und 2).

Bildanordnung

Für das Drucken eines Musters oder Bildes werden mehrere unterschiedliche Stempel angefertigt. Um die Drucke später sauber nebeneinandersetzen zu können, empfiehlt es sich, jeden Kartoffelstempel an mindestens einer geraden Linie glatt abzuschneiden.

**Drucken eignet sich gut für Gruppenarbeiten.
Die Kinder können zusammen einen großen Druck anfertigen
oder ihre eigenen Drucke durch Austauschen
der Druckstöcke ergänzen.**

Diese gerade Seite läßt sich dann präzise plazieren (Zeichnung 3). Zügiges Arbeiten ist erforderlich, da die Druckstempel leicht schrumpfen und damit unbrauchbar werden. Sie können nicht aufbewahrt werden!

Drucken

Die Druckfläche des Stempels mit einem Baumwollappen oder saugfähigem Papier trockenwischen, mit dem Pinsel dick angerührte Deckfarbe daraufstreichen und den Stempel für einen Probedruck fest auf das Papier drücken. Ist der Abdruck nicht vollständig, muß die Oberfläche des Stempels mit dem Messer korrigiert werden, bis sie ganz eben ist.
Vor dem nächsten Drucken überschüssige Farbe mit Lappen oder Papier entfernen.

Drucken eines Musters

Mit wenigen geometrischen Figuren in beliebiger Anordnung lassen sich interessante Muster oder Musterbänder gestalten. Allein die Wiederholung eines Motivs ist schon wirkungsvoll.

◆*TIP: Wenn man mit jüngeren Kindern arbeitet, ist Hilfestellung beim Schneiden mit dem Messer nötig. Evtl. ein Pflaster bereithalten.*

**Die einfache Technik des Kartoffeldrucks
erfolgt nach dem Prinzip des Hochdrucks, da nur die
erhabenen Stellen als Druckbild erscheinen.**

Drucken einer Szene

Um Landschaften oder Szenen darzustellen, werden mehrere Druckstempel angefertigt. Dabei ist wichtig, daß die Stempel in der Größe zusammenpassen. Am besten wählt man Motive, die mehrfach gedruckt werden können wie Häuser, Blumen, Bäume, Wolken u.ä.

Weiterführende Ideen

◆ VARIABLE AUSSCHMÜCKUNG DER STEMPEL: Man kann Kartoffelstempel auch verändern. Durch Eindrücken von Nägeln oder Reißzwecken entstehen auf dem Druckstock Lochmuster.

◆ GESCHENKPAPIER GESTALTEN: Mit Kartoffeldruck auf braunem Packpapier läßt sich individuelles Geschenkpapier dekorativ gestalten. Dabei jedoch Abtönfarbe verwenden, mit Deckfarbe erscheint der Druck zu blaß!

◆ STOFFE BEDRUCKEN: Mit Stoffmal- oder Stoffdruckfarben (Druckfarbe ist etwas dickflüssiger als die Malfarbe) können Stoffe, T-Shirts oder auch Einkaufstaschen bedruckt werden. Die Farben anschließend nach Produktanleitung fixieren.

Materialdruck

**Auch Stoffe und andere Materialien können eingefärbt
und auf Papier abgedruckt werden.
Man kann dabei viele verschiedene Materialien kombinieren.
Die unterschiedlichen Strukturen gestalten die Bilder
lebhaft und abwechslungsreich.**

ALTER *ab 6 Jahren*

DAUER *ca. 30 Minuten*

 **MATERIAL & WERKZEUG** *Materialien zum Abdrucken: Blätter, Rinde, feine und grobe Stoffe, Spitzenstoffe oder -bordüren, Tüll, Wolle, Federn, Schnüre, Fahrrad- und Autoreifen, Drahtgitter, Münzen u.ä. Materialien zur Verwendung als Druckstock: Korken, Korkplatten, Holz, Linoleum, Karton weiter: Linoldruck-, Deck- oder Abtönfarbe, pro Farbe eine Glasplatte, pro Farbe eine Walze, zusätzlich eine große, saubere Walze zum Drucken, Zeichenpapier, evtl. Borstenpinsel, Zeitungen, Schere*

Grundtechnik

Strukturmaterialien, wie Blätter oder Rinde, werden nach dem Auftragen der Farbe direkt auf das Papier abgedruckt. Dazu liegt das Papier auf dem Abdruckmaterial. Korken oder Holz haben die Funktion eines Druckstockes. Mit ihnen wird das Papier bedruckt.
Für jede Farbe benötigt man eine Platte, auf der die Farbe verteilt wird. Die Walze so lange in der Farbe rollen, bis sie diese gleichmäßig aufgenommen hat.

Abdrucken

Das Abdruckmaterial auf ein Zeitungspapier legen und mit der Farbwalze darüberrollen, bis es gleichmäßig mit Farbe bedeckt ist. Damit ein sauberer Druck entsteht, legt man das Druckmaterial auf ein neues Stück Zeitungspapier und bedeckt es mit dem Zeichenpapier. Mit der großen, sauberen Walze und festem Druck mehrmals über das Papier rollen und die Farbe mit der Materialstruktur auf das Papier abdrucken. Anstelle der Walze kann auch in kleinen Kreisen mit den Fingerspitzen über das Papier

gestrichen werden, dabei entsprechend aufdrücken. Anschließend das Papier vorsichtig vom Druckmaterial abziehen und zum Trocknen zur Seite legen.

Bedrucken

Wie zuvor genannt haben Korken, Holzstückchen und andere strukturierte größere Materialien die Funktion eines Druckstocks. Hier wird das Zeichenpapier auf eine Unterlage gelegt und mit den verschiedenen Materialien bedruckt: Dazu wird beispielsweise der Korken sorgfältig mit der Druckfarbe bestrichen oder direkt in die Farbe getaucht und mit leichtem Druck auf das Papier übertragen.

**Der Umgang mit dem zu druckenden Material,
das Sammeln und die Auswahl regen die Phantasie
und die sinnliche Wahrnehmung der Kinder an.**

Drucken mit verschiedenen Materialien

Der Materialdruck, siehe Seite 75, kann schon mit Kindern im Vorschulalter durchgeführt werden. Ein großes Angebot an Druckmaterial sorgt für immer neue Ideen und Anregungen.

Aus verschiedenen der auf Seite 73 genannten Materialien eine Landschaft, eine Szene oder eine Figur gestalten und auf ein Stück Karton kleben. Die einzelnen Formen dürfen sich dabei auch überschneiden. Die Druckfarbe wird mit einem Pinsel auf die verschiedenen abzudruckenden Materialien aufgetragen.

Einfacher Materialdruck

Einen Stoffrest zu einem beliebigen Motiv zurechtschneiden, einfärben und dann wie zuvor beschrieben auf ein Blatt Papier abdrucken. Mit dieser Technik lassen sich hübsche Grußkarten und auch Briefpapiere gestalten.

MATERIAL & WERKZEUG *siehe Seite 73, zusätzlich: ein Stück Karton, Stoffrest, Klebstoff, Pinsel*

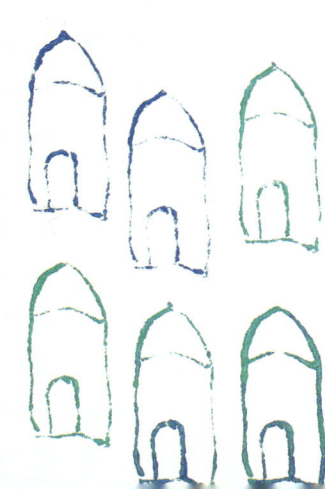

◆ STEMPELDRUCK: zusätzlich: dicke Schnur, Klebstoff, Holzklötzchen oder dicke Pappe, Borstenpinsel

Wie beim Kartoffeldruck, Seite 70, wird auch hier ein Stempel hergestellt. Dazu eine dicke Schnur auf dem Holzklötzchen zu einem einfachen Motiv aufkleben und zum Drucken mit einem Borstenpinsel einfärben (siehe Seite 74, unten).

◆ MATERIALKÄSTEN: Zum Sammeln von Druckmaterialien können Kästen eingerichtet werden. Sie sind nach Sachgebieten geordnet (z.B. alles vom Baum, Stoffe und Spitzen oder Wolle und Schnüre).

◆ KLASSEN- ODER GRUPPENBILD: Porträt-Scherenschnitte der Kinder auf verschieden strukturierte Stoffe übertragen und die Farbe aufwalzen. Nebeneinander abgedruckt ergeben sie ein originelles Poster. Dieses Projekt eignet sich für eine Gemeinschaftsarbeit.

◆ BILDERDOMINO: Für ein Bilderdomino-Spiel wird stabiler Karton in ca. 20 gleich große Rechtecke von 10 x 5 cm zurechtgeschnitten. Auf die eine Hälfte des Rechtecks das gewählte Material abdrucken, auf die zweite Hälfte ein anderes Material im Original aufkleben. Jedes Material muß einmal als Druck und einmal im Original vorhanden sein, so daß die Kärtchen im Sinne des Dominospiels aneinandergereiht werden können.

Linolschnitt

Der Linolschnitt ist für Kinder eine der komplizierteren Drucktechniken. Das Arbeiten mit Linolschnittmessern verlangt Kraft und Geschicklichkeit, es fördert die Fein- und Grobmotorik der Hände und Arme.

ALTER *ab 7 Jahren*

DAUER *Herstellen der Druckplatte: 1 bis 3 Stunden, Drucken ab 15 Minuten*

MATERIAL & WERKZEUG *Linolschnittmesser in verschiedenen Stichbreiten, Linolplatten mit Geweberückseite oder Reste von Linoleum, Bleistift, Konzeptpapier, pro Tisch eine Holzleiste zum Verhindern des Abrutschens (4 x 4 cm und Tischlänge), je Tisch 2 Schraubzwingen, Linoldruckfarben auf Wasserbasis, pro Farbe eine Walze, zusätzlich eine große, saubere Walze zum Drucken, pro Farbe eine Glasplatte, Schreib-, Ton- oder Japanpapier zum Bedrucken, Karton für Markierungshilfen, Schere, Doppelklebeband, Malkittel, Zeitungen*

 *TIP: Die Kinder immer wieder auf die sehr scharfen Messer aufmerksam machen und evtl. Pflaster bereithalten.*

Grundtechnik

Entwurf

Zu Beginn einen Entwurf des geplanten Drucks in Größe der Linolplatte auf Konzeptpapier aufzeichnen. Erst nachdem wichtige Gestaltungsprinzipien besprochen und evtl. Änderungen vorgenommen wurden, kann der Entwurf mit Bleistift auf die Linolplatte übertragen werden.

Schneiden

Um sich bei unterschiedlichem Arbeitstempo nicht gegenseitig zu stören, ist es empfehlenswert, das Schneiden der Linolplatten, das Einfärben und das Drucken an drei verschiedenen Tischen auszuführen. Zunächst wird der Umgang mit den Linolschnittmessern geübt. Dafür erhält jedes Kind eine etwa 10 x 10 cm große Linolplatte.
Um die Verletzungsgefahr gering zu halten, wird pro Tisch in Höhe der vor dem Kind liegenden Linolplatte (Oberkante) eine Holzleiste mit Schraubzwingen befestigt. Die Linolplatten werden zur Bearbei-

tung an die Leiste geschoben und können dadurch nicht mehr nach oben rutschen.
Mit einer Hand wird die Platte am unteren Rand festgehalten, mit der anderen das Linolschnittmesser, die Klingenöffnung zeigt nach oben, geführt. Durch leichten Druck nach vorne und schräg unten wird mit dem Messer das Linoleum ausgeschnitten. Es darf nie auf den Körper zu geschnitten werden, und die freie Hand liegt nie oberhalb des geführten Messers.
Auf dem Probestück sollten die Kinder Linien und Bögen schneiden, die sich in Breite und Tiefe unterscheiden. Damit später ein klarer Druck entsteht, muß darauf geachtet werden, daß alle Schnitte ausreichend tief sind. Streicht man mit den Fingern über die Platte, müssen deutliche Vertiefungen zu spüren sein. Allerdings sollte auch nicht zu tief in die Linolplatte geschnitten werden, da sonst die Platte beschädigt wird. Kommt dies mehrmals vor, kann die Platte je nach Art dieser Schnitte, brechen.
Die Linolplatte, für den ersten Druck fertig bearbeitet, wird als Druckstock bezeichnet.

Für Kinder ist es faszinierend zu beobachten, wie durch das Entfernen des Linoleums neue, tiefliegende Flächen entstehen, die anschließend beim Druck spiegelverkehrt erscheinen.

Fixierhilfen bei mehreren Platten

Verwendet man zum Drucken Papier, das größer als der Druckstock ist, sollte am Tisch eine Fixierhilfe angebracht werden. Damit ist sichergestellt, daß später auf dieselbe Stelle gedruckt wird. Ein L-förmiges Stück Karton zurechtschneiden, in dessen rechten Winkel der Druckstock genau eingepaßt wird, und den Karton mit doppelseitigem Klebeband auf der Arbeitsfläche befestigen. So liegt der Druckstock immer an der gleichen Stelle (Zeichnung 1). Damit das zu bedruckende Papier an der gleichen Stelle liegt, einen schmalen Streifen aus Karton zuschneiden, den Druckstock in die L-förmige Vorrichtung schieben und das Druckpapier so darüberlegen, daß sich die Platte in der Mitte des Papiers befindet. An der Unterkante des Druckpapiers und parallel zu dem L-förmigen Karton den Kartonstreifen festkleben, links und rechts die Breite des Papiers mit Pfeilen markieren. Werden immer gleich große Papiere zum Drucken verwendet, kann man auch einen Karton in derselben Größe

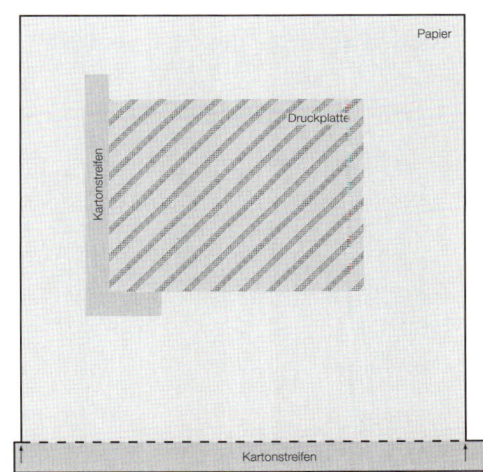

zuschneiden und in die Mitte eine Öffnung in Größe des Druckstocks schneiden. Durch genaues Auflegen des Druckpapiers entstehen exakt plazierte Drucke (Zeichnung 2).

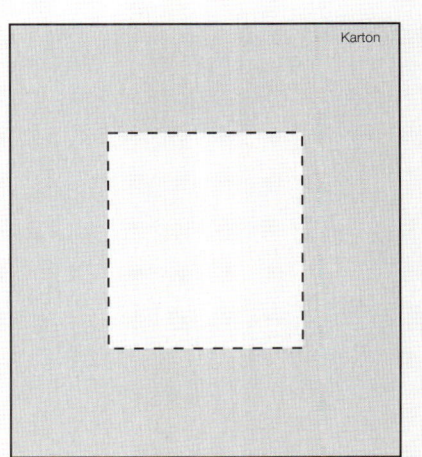
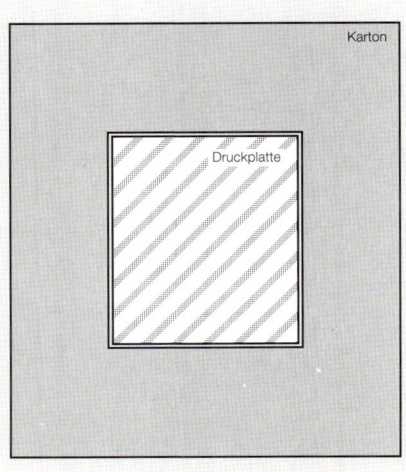

Probedruck

Vor dem Drucken sollte ein Probedruck angefertigt werden. Etwa 3 cm Linolfarbe auf eine Glasplatte drücken und mit einer Walze verteilen. Ist die Walze gleichmäßig mit Farbe bedeckt, wird sie auf dem Druckstock hin- und hergerollt, bis dieser ganz eingefärbt ist. Anschließend ein Papier darauflegen und mit den Händen leicht an-

drücken. Mit der großen, sauberen Walze mehrmals über das Papier rollen, ohne das Papier dabei zu verschieben. Man kann auch mit den Fingerspitzen in kleinen Kreisen über das Papier streichen. Das Papier vorsichtig abziehen und den Druck genau kontrollieren. Zu schwache oder gar nicht sichtbare Linien müssen nach dem Abwaschen der Platte erneut mit dem Linolschnittmesser

bearbeitet werden. Danach nochmals einen Probedruck machen.

Drucken

Ist der Probedruck gut ausgefallen, kann mit dem Drucken wie beim Probedruck beschrieben begonnen werden. Um die Rückseite des Druckpapiers nicht zu verschmutzen, wird vor dem Walzen eine Zeitung darübergelegt.
Walzen und Platten erst am Ende des Druckens gründlich mit Wasser reinigen, sonst wird unnötig viel Farbe verschwendet.

Einfarbendruck mit einem Druckstock

Den Entwurf des Motivs auf die Linolplatte übertragen. Buntes Tonpapier in der Größe der Linolplatte zurechtschneiden und das Motiv wie bei der Grundtechnik, Seite 76, beschrieben auf das Papier drucken. Hier wird nur eine Farbe verwendet. Man kann auch ein Papier in der doppelten Größe der Linolplatte verwenden und nur die rechte Hälfte bedrucken. Nach dem Trocknen das Papier zur Hälfte falten, so daß die Innenseite beschrieben werden kann.

 **MATERIAL & WERKZEUG** *siehe Seite 76, zusätzlich: Farbstifte, Kugelschreiber, evtl. Pauspapier*

◆ *TIP: Wird nur mit einem Druckstock gearbeitet, müssen beim ersten Druckvorgang genügend Abzüge hergestellt werden. Ein Nachdrucken ist später nicht mehr möglich, da der Druckstock weiterbearbeitet wird.*

Mehrfarbendruck mit einem Druckstock

Beim Drucken auf farbiges Papier muß genau eingeplant werden, daß bereits eine Farbe vorhanden ist. Beispiel: Blaues Papier kann zur Darstellung des Himmels dienen. Die Flächen müssen dafür also nicht mehr bearbeitet werden. Dieser Bereich bleibt einfach ausgespart. Egal, ob auf weißem oder farbigem Papier gedruckt wird, gilt: zuerst die hellen Farben, dann die dunklen drucken.

Nach dieser Überlegungen wird zunächst ein Entwurf in Originalgröße auf Konzeptpapier gezeichnet. Nun festlegen, wieviele und welche Farben verwendet werden. Den Entwurf mit den entsprechenden Farben vollständig ausmalen und auf die Linolplatte übertragen. Die Linien dürfen nicht abwaschbar sein. Evtl. müssen sie mit einem Kugelschreiber nachgezogen werden. Bei der Herstellung des Druckstocks wird mit der hellsten Farbe begonnen. Man schneidet also zuerst alle Flächen aus dem Linoleum heraus, die in der Papierfarbe erscheinen sollen. Die hellste Farbe auf den Druckstock aufwalzen und auf das Papier drucken. Während die erste Farbe trocknet,

wird der Druckstock abgewaschen und ebenfalls getrocknet. Anschließend alle Flächen herausschneiden, die in der bereits gedruckten Farbe erhalten bleiben sollen, denn Linolflächen, die stehen bleiben, werden beim nächsten Drucken mit der neuen Farbe bedeckt.

Ist der erste Druck vollständig getrocknet, wird mit Hilfe der Fixierhilfe die zweite Farbe gedruckt.

Auf diese Art weiterarbeiten, bis alle Farben gedruckt sind (Zeichnung) und das Bild fertiggestellt ist.

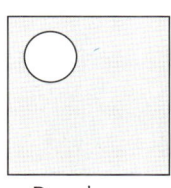
1. Druck

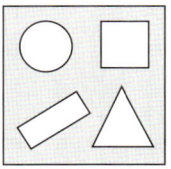
2. Druck

3. Druck

4. Druck Druckstock

Gelb

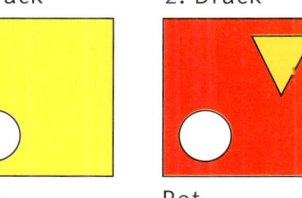
Rot

Blau

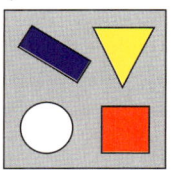
Schwarz

Druck

Mehrfarbendruck mit verschiedenen Druckstöcken

Will man für mehrfarbiges Drucken den Druckstock nicht verändern, muß für jede Farbe eine separate Platte angefertigt werden.

Auch hier wird zu Beginn ein farbiger Entwurf auf Konzeptpapier gemalt. Danach alle Flächen, die in derselben Farbe gedruckt werden, auf jeweils eine Linolplatte übertragen und die restlichen Flächen herausschneiden. Es kann mit beliebig vielen Farben und Druckstöcken gearbeitet werden. Allerdings wird es um so schwieriger und aufwendiger, je mehr Farben vorgesehen sind. Zudem muß die Flächenaufteilung der Druckstöcke zuvor sehr genau geplant werden.

Nun können die Druckstöcke in der Reihenfolge von hell nach dunkel gedruckt werden. Damit die Drucke exakt übereinanderliegen, sollte mit den Fixierhilfen, Beschreibung siehe Seite 77, gearbeitet werden.

Weiterführende Ideen

◆ **Bunt eingefärbte Druckstöcke:** Auf einen Druckstock können gleichzeitig mehrere Farben an verschiedenen Stellen aufgetragen werden. Das ergibt schöne und oft verblüffende Effekte.

◆ **Schablonendruck mit Linolfarbe:** Aus Karton eine Schablone ausschneiden und unter ein weißes Papier legen. Nun mit einer mit Linolfarbe bedeckten Walze so lange kreuz und quer darüberrollen, bis das Motiv auf dem Papier klar erkennbar ist.

◆ **Stoffe bedrucken:** Mit Druckstöcken aus Linoleum lassen sich auch Stoffe dekorativ bedrucken. Man verwendet Stoffmal- oder Stoffdruckfarben und fixiert diese anschließend nach Produktanleitung.

Grundtechniken

Werken mit Holz

Werken mit Holz

Der Werkstoff Holz ist bei der kreativen Arbeit mit Kindern vielseitig einsetzbar.

Beim Umgang mit Holz ist zwischen Massivholz und Holzwerkstoffen (Spanplatten u. Sperrholz) zu unterscheiden. Holzwerkstoffe bestehen aus zerkleinerten Holzteilen (Späne, Schichten), die meist mit formaldehydhaltigen Bindemitteln verarbeitet werden. Neben dem unbehandelten Massivholz findet beim Werken oft Sperrholz Verwendung. Es besteht aus Holzschichten, die meist kreuzweise zueinander verleimt sind. Sperrholz gibt es in verschiedenen Qualitäten und Stärken. Für emissionsarme Holzwerkstoffe kann das Umweltzeichen „Blauer Engel" vergeben werden. Die Anforderungen enthalten neben einem Grenzwert für Formaldehyd (0,05 ppm) auch Festlegungen für Isocyanate und Phenole, die nicht ausgasen dürfen. Zudem dürfen keine Holzschutzmittel und keine halogenoranischen Verbindungen zugesetzt sein. Bei Materialien ohne „Blauen Engel", kann man nach Prüfzeugnissen fragen. Sie bestätigen, daß Holzwerkstoffe frei von diesen Behandlungsmitteln sind. Dies auch bei Resten aus Schreinereien, Möbelfabriken oder ÖKO-Baumärkten.

Werkstatt

Für das Einrichten einer Holzwerkstatt sollte ausreichend Platz vorhanden sein, eine „Werkecke" kann schon einmal für kleinere Arbeiten genügen, besser ist jedoch ein separater Raum. Gute Lichtverhältnisse sind wichtig. Der Raum sollte weder feucht noch zu warm sein, da sich das Holz sonst verformt. Man benötigt eine Werkbank oder einen stabilen alten Tisch und verschiedene Aufbewahrungskästen für Holz und Werkzeug.

Material und Werkzeug

Um zu Beginn kleine Fahrzeuge, Schiffe, Figuren, Tiere, Gebrauchsgegenstände oder Dekorationsstücke zu arbeiten, genügen als Materialausstattung:
• Vierkanthölzer in verschiedenen Maßen: für Holzverbindungen
• Rundhölzer
• Sperrholzplatten: für Holzrohlinge
• größere Mengen an Holzresten: Massivholz und Sperrholz in unterschiedlichen Qualitäten und Größen (Schreinerei)
• verschiedene Hart- und Weichhölzer: geeignet für das Werken mit Kindern sind Buche, Kiefer und Fichte
• Naturmaterial: Äste, Wurzeln und Rinden (Achtung beim Sammeln: Kein geschütztes Naturmaterial verwenden!)

Ausstattung der Werkstatt

Für eine Gruppe von etwa 6 Kindern sollte folgendes Werkzeug angeschafft werden:
• Fuchsschwanz mit verschiedenen Blättern: Aussägen von Weich- und Harthölzern
• 3 PUK-Sägen (Bügelsägen) mit Sägeblättern für Holz: Sägen von Leisten und Rundholzstäben
• 3 Laubsägen mit Sägeblättern für Holz: Sägen von Sperrholz
• 3 Schlosserhämmer: Nageln
• 2 Kombizangen: Entfernen von Nägeln, Durchtrennen von Draht
• 1 Seitenschneider: Durchtrennen von Draht
• 1 Rundzange: Formen und Biegen von Draht oder Blech
• 2 halbrunde Holzraspeln: Formbearbeitung von Holz

Holz ist ein natürlicher Werkstoff.
Bevor das eigentliche Werken beginnt, sollte den Kindern
der Weg vom Baum zum Werkstück erklärt werden.

- 2 halbrunde Feilen: Feinbearbeitung von Holz
- 1 Satz Schlüsselfeilen: Bearbeitung kleinerer Holzteile
- 2 Schraubendreher (3,5 mm, 5,5 mm)
- 2 Schraubendreher für Kreuzschlitzschrauben
- 1 Handbohrmaschine und 1 Satz Holzbohrer (Ø 3 bis 10 mm): zum Bohren von Löchern in Holz
- 2 Nagelbohrer (Ø 2 mm, 4 mm): Bohren von weicheren Holzarten ca. 10 Schraubzwingen in unterschiedlichen Größen: zum Befestigen des Werkstückes
- 1 Anschlagwinkel: zum genauen Aufzeichnen und Zusammenbauen der Holzteile zu einem 90° Winkel
- 2 kleine Schraubstöcke: Einspannen von Leisten u.ä., 3 Metermaßbänder

Weiteres Zubehör

Schmirgelpapier in verschiedenen Körnungen, Nägel, Schrauben, Haken, Scharniere, Dübel, Krampen, Ringschrauben, Hakenschrauben; Schneidlade oder Geodreieck; Kork- und Reißnägel für einen Schleifblock; Holz- oder Weißleim, Borstenpinsel, Haarpinsel, Leinöl oder Bienenwachs, Farben und Bleistift

Grundtechnik

Auf den folgenden Seiten wird der richtige Gebrauch der einzelnen Holzwerkzeuge beschrieben und die wichtigsten Grundtechniken der Holzverarbeitung vorgestellt. Das Arbeiten mit Holzwerkstücken erfolgt stets in derselben Reihenfolge: Zuerst zeichnet man Umrisse oder Sägestellen auf, dann wird das Werkstück zurechtgesägt, durch Raspeln und Feilen geglättet und mit Schmirgelpapier nachbehandelt. Anschließend werden die Holzverbindungen, falls erforderlich, gearbeitet und an diesen Stellen das Werkstück erneut mit Schmirgelpapier nachgeglättet. Abschließend kann die Holzarbeit farbig bemalt werden oder naturbelassen einen Schutz aus Bienenwachs erhalten.

Sägen

Für verschieden dicke oder unterschiedlich gewachsene Hölzer benötigt man die entsprechende Säge und das jeweilige Sägeblatt. Jede Säge erfordert eine etwas andere Arbeitsweise.

◆ *TIP: Die Kinder auf die Gefahren im Umgang mit Sägen und Sägeblättern hinweisen!*

Sägen mit der PUK-Säge

Dünne Leisten und Rundhölzer wie z.B. für den kleine Lastwagen werden mit der PUK-Säge bearbeitet.

Vorbereitung

Mit einem Bleistift werden die zu sägenden Stellen angezeichnet. Das Holz zum Sägen immer nahe der Sägestelle in den Schraubstock einspannen oder mit Schraubzwingen befestigen. Die Säge wird in die rechte Hand genommen und die linke nahe der Sägestelle auf das Holz gelegt. Gesägt wird immer zum Körper hin.

Ansägen

Am schwierigsten ist das Ansägen, weil die Säge zu Beginn noch keine Führung hat. Damit eine kleine Rille entsteht, die Säge leicht auflegen und mehrmals zu sich herziehen. Kinder brauchen dabei zumindest am Anfang Hilfestellung, weil sie leicht mit der Säge abrutschen und sich verletzen könnten.

**Der Umgang mit Holz verstärkt das Bewußtsein
für die Bedeutung von Wäldern
für den Menschen und seinen Lebensraum.**

Sägen

Nun folgt das eigentliche Sägen: Aus dem Schultergelenk heraus wird die Säge vorwärts bewegt und wieder zu sich herangezogen. Kinder setzen dabei zu Beginn meist zuviel Kraft ein und verklemmen das Sägeblatt. Mit etwas Übung bekommen sie Gefühl für die richtige Führung der Säge.

Das Holzstück wird vollständig durchgesägt. Es darf nicht vorzeitig abbrechen, sonst bleiben Splitter zurück. Deshalb wird das Holz, wenn nur noch wenige Millimeter zu sägen sind, mit der freien Hand festgehalten.

Sägen mit der Laubsäge

Figuren und andere Motive aus Sperrholz, wie ein Bumerang oder ein Holzpuzzle, werden mit der Laubsäge ausgesägt.

Einspannen der Sägeblätter

Für dünnes Holz verwendet man feine, für dickeres Holz entsprechend gröbere Sägeblätter. Zum Einspannen die beiden Flügelmuttern am Laubsägebogen öffnen, das Sägeblatt mit den Zähnen nach außen und unten zwischen die Metallscheiben am oberen Bogenende legen und die Flügelmutter fest anziehen. Nun wird der Bogen zusammengedrückt und das Sägeblatt mit der Mutter am unteren Bogenende befestigt. Das Sägeblatt muß straff gespannt sein.

Vorbereitung und Aussägen

Die auszusägenden Linien werden mit einem Bleistift auf dem Sperrholz angezeichnet. Dann das Sperrholz mit einer oder zwei Schraubzwingen so am Tisch befestigen, daß die aufgezeichneten Linien über den Tisch hinausragen. Zum Sägen sitzt das Kind direkt vor dem Werkstück. Die Laubsäge am Griff anfassen, der nach unten zeigt. Die freie Hand liegt auf dem Holz, hält es fest und dient als Stütze. Gesägt wird mit nur leichtem Druck in einer stetigen, senkrechten Auf- und Abbewegung. Zur Vorübung zuerst mehrere gerade Linien sägen, um ein Gefühl für diesen Vorgang zu bekommen. Da die Laubsägeblätter leicht brechen, ist es sinnvoll, einen Vorrat anzuschaffen.

Sägen von Kurven

Sind viele Kurven auszusägen, muß das Holz häufig gedreht und erneut festgeschraubt werden. Leichte Kurven können Kinder problemlos sägen, schwieriger zu arbeiten sind die Ecken. Wird die Ecke erreicht, dort mehrere Male auf der Stelle auf- und absägen. Es entsteht ein kleiner Spalt, in dem die Säge gefahrlos gedreht werden kann. Die Säge darf auf keinen Fall nur in die andere Richtung gedreht werden, das Sägeblatt würde sich verklemmen und abbrechen. Diese Technik muß Kindern erklärt und vorgeführt werden. Anfangs ist dabei Hilfestellung nötig, bis sie das Sägen in eine andere Richtung ohne Abbrechen der Sägeblätter beherrschen.

Heraussägen von Flächen

Um eine Fläche aus der Mitte einer Platte herauszusägen, gibt es zwei Methoden: Die kürzeste Strecke vom Rand der Holzplatte zu dieser Fläche anzeichnen und an der Linie entlang sägen. Oder mit dem Hand-

**Holzarten und -sorten, ihre Verarbeitung,
aber auch der Raubbau von Holz
können in den Werkgruppen besprochen werden.**

bohrer ein kleines Loch genau auf die Linie der Entwurfzeichnung bohren, eine Flügelmutter der Laubsäge lösen und das Sägeblatt durch dieses Loch stecken. Sollte das Innenteil nicht mehr benötigt werden, bohrt man das Loch in das herauszusägende Teil. Das Sägeblatt wieder einspannen und das Holzteil aussägen.

Sägen mit dem Fuchsschwanz

Große, dicke Bretter und Rundhölzer wie für ein Schiff oder ein Auto müssen mit dem Fuchsschwanz gesägt werden.

Vorbereitung und Aussägen

Um das Verletzungsrisiko gering zu halten, muß die freie Hand des Kindes in ausreichender Entfernung zur Sägestelle liegen.
Beim Arbeiten steht das Kind vor dem Werkstück, das mit der Schauseite nach oben mit Schraubzwingen am Tisch befestigt ist. Den Fuchsschwanz am Griff fest in der rechten Hand halten, die andere Hand wird

in einiger Entfernung zur vorgezeichneten Sägestelle auf das Holz gelegt und stützt so den Körper ab. Die Säge wird nun mehrmals zum Körper gezogen. Es entsteht eine Rille, in der der schräg gehaltene Fuchsschwanz immer wieder nach oben gezogen und nach unten gedrückt wird. Dieses langsame Sägen des Holzes bedeutet für Kinder einen erheblichen Kraftaufwand. Deshalb sollte bei großen Holzstücken des öfteren eine Pause eingelegt werden.

Sägen von runden Formen

Mit dem Fuchsschwanz lassen sich keine Kurven sägen. Nahe der Linien müssen gerade Stücke abgesägt werden, dann wird mit der Raspel (s. unten) die gewünschte Form ausgearbeitet. Bei nicht zu dicken Brettern (bis ca. 1,5 cm) kann der Rest auch mit der Laubsäge abgesägt werden.

Glätten des Holzes

Ein ausgesägtes Stück Holz muß an allen Rändern und an den Ober-

flächen geglättet werden, damit sich keine Holzfasern mehr aufstellen können.

Raspeln

Unebenheiten und ungenaue Sägestellen werden zuerst mit einer Raspel bearbeitet. Die Reibefläche bei der Raspel besteht aus einer Vielzahl von groben Zähnen, die weit auseinander stehen. Streicht man mit der Hand darüber, sind sie deutlich spürbar. Es gibt halbrunde und runde Raspeln in verschiedenen Größen. Die Raspel dient aber auch der Formgebung. Ecken können abgerundet, Kurven verschönt und Rundstäbe unterteilt werden. Das Werkstück muß mit Schraubzwingen fixiert sein. Mit einer Hand hält man die Raspel am Griff fest, die andere liegt auf der Reibefläche und drückt sie leicht nach unten. In Faserrichtung wird die Raspel nun mit leichtem Druck hin- und herbewegt. Muß man in vertikaler Richtung raspeln, liegt die freie Hand auf dem Holz und stützt den Körper. Beim Raspeln von schmalen Holzteilen, die möglicherweise nicht einmal die Breite der Raspel haben, besteht leicht die Gefahr des Abrutschens.

Das Bearbeiten von Holz schult die grob- und feinmotorischen Fertigkeiten, es fördert aber auch die Kreativität der Kinder.

◆ *TIP: Kinder sollten kleine Teile nicht raspeln, sondern feilen.*

Falls in diesen Fällen das Arbeiten mit der Raspel unbedingt erforderlich ist, sollte das Werkstück fest eingespannt und die Raspel mit beiden Händen am Griff festgehalten werden. Dies ist zwar etwas mühsam, aber nur so können Handverletzungen beim Abrutschen der Raspel vermieden werden.

Feilen

Nach dem Raspeln wird die Feile eingesetzt. Die Feile hat feine, kaum sichtbare Zähne, die nahe beieinander stehen. Es gibt halbrunde, runde, flache und dreikantige Feilen, die sich auch noch in Länge und Feinheitsgrad unterscheiden können.

Durch Feilen kann nicht so viel Holz entfernt werden wie durch das Raspeln. Es dient vor allem zum Glätten der Form und zum Beseitigen kleiner Unregelmäßigkeiten. Man hält die Feile, wie die Raspel, mit einer Hand am Griff fest und drückt sie mit der anderen Hand an der Reibefläche leicht auf das Holz. Mit leichtem Druck wird sie hin- und herbewegt.

Schmirgeln

Jedes Werkstück muß nach seiner Bearbeitung mit Raspel und Feile noch mit Schmirgelpapier ganz fein abgeschliffen werden. Schmirgel- oder Schleifpapier gibt es in unterschiedlichen Körnungen. Je höher die auf der Packung angegebene Zahl der Körnung, desto feiner ist das Schmirgelpapier. Man sollte 6oer Schmirgelpapier für grobes Holz, 100er für das erste Schmirgeln und 150er für den Feinschliff verwenden.

Zum Schmirgeln legt man eine Hand flach auf die Rückseite eines Stück Schmirgelpapiers und fährt damit in Richtung der Maserung über das Holz. Oder man bastelt sich einen Schleifblock, indem man das Schleifpapier passend auf die Breite eines rechteckigen Korkblocks zurechtschneidet, um den Kork legt und mit Reißnägeln befestigt.

Holzverbindungen

Es gibt verschiedene Möglichkeiten, Holzteile fest miteinander zu verbinden. Ohne Nägel oder Dübel wird hierfür Leim verwendet.

Leimen

Holz- oder Weißleim ist in Tuben, Flaschen und kleinen Eimern erhältlich. Wird Spielzeug gebaut, das später in Kontakt mit Wasser kommt, kann Naturholzleim verwendet werden.

Vor dem Verleimen werden zuerst die Klebeflächen mit Schmirgelpapier geglättet. Dann den Holzleim mit einem Pinsel dünn und gleichmäßig auf ein Teil auftragen. Die beiden Holzteile aufeinanderdrücken und mit Leim- oder Schraubzwingen zusammenpressen. Heraustretenden Leim mit einem feuchten Tuch sorgfältig abwischen, er ist sonst bei einer späteren Bemalung störend sichtbar. Den Pinsel wieder sorgfältig auswaschen. Nach etwa 30 Minuten ist der Leim getrocknet. Man sollte jedoch erst nach einigen Stunden an dem geleimten Werkstück weiterarbeiten.

Nageln

Nageln ist eine sehr einfache Holzverbindung, oft wird sie zur Verstärkung des Leimens benutzt. Bei dünnem Holz und feinen Arbeiten sollten kleine, dünne Nägel verwendet werden, bei dickem Holz entsprechend größere. Als Faustregel gilt: Der Nagel sollte ungefähr im letzten Drittel des unteren Holzes enden.

Einfaches Nageln

Nach dem Trocknen des Leims werden mit einem Hammer Nägel in das Holz geschlagen. Man hält einen Nagel im unteren Bereich zwischen Daumen und Zeigefinger fest, stellt ihn auf das Holz und schlägt mit dem Hammer kräftig auf den Nagelkopf. Der Hammer wird am Griffende festgehalten. Nach ein bis zwei Schlägen den Nagel loslassen und mit weiteren Schlägen gerade in das Holz treiben, bis nur noch der Kopf zu sehen ist. Nicht zu nahe an den Kanten arbeiten, das Holz könnte splittern! Verbogene Nägel, wenn möglich, mit einer Zange wieder aufrichten, sonst mit einem neuen Nagel weiterarbeiten. Für eine stabile Verbindung müssen mindestens zwei Nägel eingetrieben werden.

Leimen und Nageln

Wird gleichzeitig geleimt und genagelt, schlägt man die erforderliche Anzahl vor Nägeln ungefähr bis zur Hälfte in eines der Holzteile ein, bestreicht das andere mit Leim, setzt beide Teile aufeinander und schlägt dann die Nägel vollständig ein. Am besten werden die Teile dabei von einem anderen Kind fest zusammengepreßt, um ein Verrutschen zu vermeiden. Schraubzwingen sind nicht nötig.

Schrauben

Werden mehrere Holzteile zusammengefügt, erhält man mit Schrauben haltbarere Verbindungen als durch Leimen oder Nageln, die bei Bedarf auch wieder gelöst werden können. Damit das Holz beim Eindrehen der Schrauben nicht splittert, müssen mit dem Handbohrer Löcher vorgebohrt werden. Bei weichem Holz (Nadelbäume, Linde, Pappel, Birke u.a.) sollte der Lochdurchmesser zwei Drittel des Schaftdurchmessers, bei hartem Holz (Buche, Eiche, Ahorn u.a.) den Schaftdurchmesser betragen. Das Loch wird bis auf etwa zwei Drittel der Schraubenlänge gebohrt. Um beim Eindrehen der Schraube ein Abrutschen zu vermeiden, muß der Schraubendreher genau der Größe des Schraubenschlitzes entsprechen. Kreuzschlitzschrauben und -schraubendreher sind für Kinderhände besser geeignet, da man weniger leicht abrutscht.

Dübeln

Wenn bei der Herstellung von Holzwerkstücken keine Schrauben oder Nägel verwendet werden, läßt sich durch Dübel eine stabile Verbindung schaffen. Holzdübel gibt es in verschiedenen Stärken und Längen, ihre Oberfläche ist gerillt. Aus glatten Rundstäben können ebenfalls Dübel hergestellt werden.

Verdecktes Dübeln

Werden die Dübel unsichtbar verarbeitet, spricht man vom "verdeckten Dübeln" (Zeichnung 1, Seite 90). Dafür zwei oder mehrere Löcher in die Verbindungsstellen der Holzteile bohren. Die Bohrerstärke entspricht der Dübelstärke, Bohrtiefe ist jeweils ca. die halbe Dübellänge. Vor dem Verleimen prüfen, ob die Dübel gut in die Bohrlöcher passen und die beiden Holzteile plan miteinander verbunden sind. Sonst muß man nachbohren. Dann in alle Löcher etwas Holzleim streichen, die Dübel einsetzen und die beiden Holzteile ineinanderstecken.

Mit Schraubzwingen die Verbindung bis zum Trocknen des Leims mehrere Stunden zusammenpressen.

Sichtbares Dübeln

Einfach ist das "sichtbare Dübeln" (Zeichnung 2). Zwei Holzstücke werden mit Schraubzwingen in der gewünschten Verbindung festgeklemmt. Mit dem Bohrer durch das obere Holz zwei oder mehrere Löcher in das darunterliegende Holz bohren. Die Bohrerstärke entspricht der Dübelstärke, die Dübel sollten etwas länger als die gesamte Bohrtiefe sein. Nach dem Bohren Leim in die Löcher streichen, die Dübel hineinschieben, überstehende Enden absägen und glattschmirgeln.

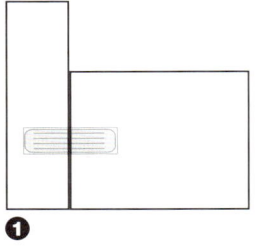 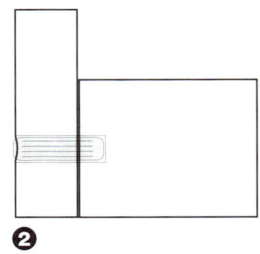

Eckverbindungen von Leisten

Zusammennageln

Die einfachste, aber auch die am wenigsten stabile Verbindung von Leisten ist das Zusammennageln. Die Leisten werden stumpf aneinander geleimt und mit zwei Nägeln verbunden (Zeichnung 1). Diese Verbindung ist jedoch nur haltbar, wenn die Leisten zusätzlich noch auf einen Untergrund geleimt sind.

Herstellung eines Rahmens

Rahmen aus Leisten müssen auf Gehrung gesägt werden, d.h. die Enden der Leisten werden in einem Winkel von 45° schräg abgesägt. Mit einer Schneidlade ist das kein Problem. Steht keine zur Verfügung, muß man den Winkel mit Hilfe eines Geo-Dreiecks vorzeichnen und genau auf der Linie sägen. Die Sägestellen abschmirgeln, Holzleim auftragen und die beiden Leisten im rechten Winkel aneinandersetzen (Zeichnung 2). Dabei kann man einen Anschlagwinkel zu Hilfe nehmen. Wenn alle vier Holzleisten verleimt sind, Schraubzwingen an zwei parallel

liegenden Seiten anlegen und vorsichtig festschrauben. Dabei darauf achten, daß alle vier Leisten eben auf dem Tisch liegen.

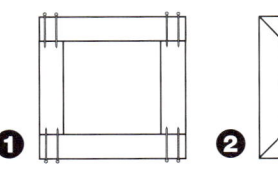 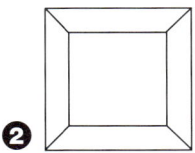

Gelenke

Viele Holzwerkstücke benötigen eine stabile, aber bewegliche Verbindung. Es gibt mehrere Möglichkeiten, bewegliche Gelenke herzustellen (Zeichnungen 1 bis 4). Die Verbindungsglieder können mit Ring- und Hakenschraube miteinander verbunden werden (1) oder mit Krampen und Hakenschraube (2). Man kann auch die Verbindungsglieder (kurze Leisten) an beiden Enden durchbohren und mit Rundhölzern, Nägeln oder Schrauben verbinden (3). Die Durchmesser der Löcher müssen größer sein als die Durchmesser der verwendeten Befestigungsteile.
Eine weitere Möglichkeit ist, ein Loch in das Ende eines der Holzstücke zu bohren und darin einen

**Durch den frühen Umgang mit Werkzeugen
lernen Kinder Schritt für Schritt,
ihre manuellen Fähigkeiten zu erkennen und zu verbessern.**

Rundstab (4) zu verleimen. Die Bohrerstärke entspricht dem Durchmesser, die Bohrtiefe ca. der halben Länge des Rundstabes. Das Ende des anderen Holzstücks mit dem nächst größeren Bohrer vollständig durchbohren und dann in den Rundstab einhängen. Scharniere gibt es mit den dazugehörigen Schrauben im Handel. Beide Holzteile in der gewünschten Lage nebeneinanderlegen. Dann werden die Teile nacheinander festgeschraubt.

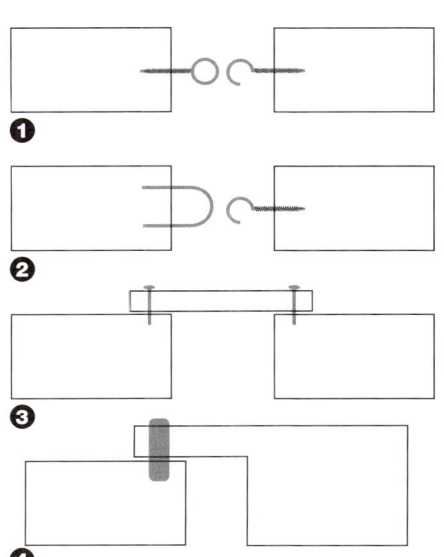

Radbefestigungen und Achsen an selbstgefertigten Fahrzeugen

Einfache Radbefestigungen

Damit selbst hergestellte Fahrzeuge auch wirklich fahren können, sollte auf gekaufte Räder zurückgegriffen werden.
Selbstgefertigte Räder sind oft nicht ganz rund und eben, ihr Lauf ist unregelmäßig. Holzräder werden in unterschiedlichen Größen angeboten (unbehandeltes Naturholz ist empfehlenswert) und sind meistens in der Mitte durchbohrt.
Mit einem Bleistift die Stellen für die Radbefestigungen anzeichnen. Dabei darauf achten, daß der Abstand der Punkte zur Unterkante des Fahrzeugs bei allen Befestigungen

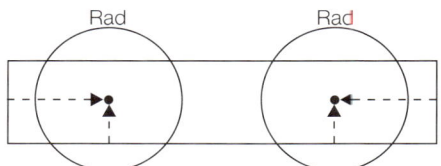

gleich ist, damit alle Räder Bodenberührung haben. Gegenüberliegende Räder müssen auch denselben Abstand zum Holzende haben.
Die Räder nun mit Nägeln und Unterlegscheiben oder Schrauben und Unterlegscheiben oder Rundhölzern und Unterlegscheiben befestigen.

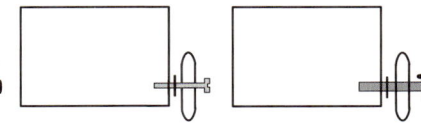

Bei der Verwendung von Rundhölzern, wird ein dünner Nagel in das Ende des Rundholzes geschlagen, um ein Herausrutschen des Rades zu verhindern.

Starre Achsen

Fahrzeugachsen können aus einem Rundholz oder einem Vierkantholz gefertigt werden. Es sollte etwa 1 bis 1,5 cm länger sein als die Breite des Fahrzeugs. Sie werden an der Unterseite angeschraubt oder angenagelt. Die Räder an den Achsenenden mit Schrauben oder Nägeln und Unterlegscheiben so befestigen, daß sie sich gut drehen können.

91

Drehachsen

Drehachsen werden aus Rundhölzern hergestellt. Zuerst wird der Fahrzeugboden in Querrichtung durchbohrt. Dabei muß die Stärke des Bohrers etwas größer sein als der Durchmesser des Stabes. Die Räder mit Löchern im Durchmesser des Stabes durchbohren, die Bohrtiefe beträgt etwa die Hälfte der Radstärke. Das erste Rad an die Achse leimen und zur Sicherheit noch einen Nagel in die Radmitte schlagen. Dann die Achse durch den Fahrzeugboden stecken und das zweite Rad genauso befestigen.

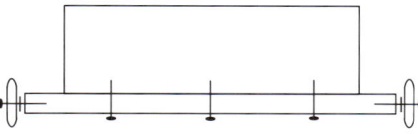

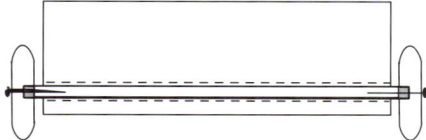

Oberflächenbehandlung

Das fertige Werkstück wird noch einmal glattgeschmirgelt. Es kann dann auf Wunsch farbig gestaltet werden. Schön gemasertes Holz sollte nicht angemalt, sondern naturbelassen oder gewachst werden.

Bemalen

Will man seine Werkstücke bunt bemalen, verwendet man am besten Abtön- oder Bastelfarben. Die Farben werden mit dem Borstenpinsel aufgetragen, dabei sollte möglichst flächig und deckend gemalt werden. Vorsichtig arbeiten muß man bei beweglichen Teilen wie z.B. Achsen: Die Farben nur sehr sparsam verwenden, damit die Teile nicht zusammenkleben!

Wachsen und ölen

Das fertige Werkstück, ob naturbelassen, gebeizt oder farbig gestaltet, sollte zum Abschluß mit einer "Schutzbehandlung" gegen Verfärbung und Austrocknung versehen werden. Leinöl oder Bienenwachs ergeben eine glatte und matt glänzende Oberfläche. Sie schützen jedoch nicht zuverlässig vor dem Eindringen von Feuchtigkeit, daher sind sie z.B. für Schiffe oder Werkstücke, die im Freien stehen und der Witterung ausgesetzt sind, weniger geeignet. In diesem Fall kann das Werkstück mit Naturharzöl behandelt werden.

HINWEIS *Die Maßangaben der Hölzer oder Leisten bei den folgenden Modellbeschreibungen sind in der Reihenfolge: Länge x Breite x Höhe genannt.*

Holzpüppchen

ALTER *ab 6 Jahren*

DAUER *ca. 2 Stunden*

MATERIAL & WERKZEUG *Rundholzstab 2 cm Ø, Länge je nach Anzahl der Püppchen: 1 Püppchen entspricht 5 cm, Raspel, PUK-Säge, Schraubstock, Feile, runde Schlosserfeile, Deck- und Abtönfarbe, Haarpinsel Nr. 2 und 6, Borstenpinsel, Schmirgelpapier, Bienenwachs, Lappen*

Um mehrere Püppchen anzufertigen, werden aus dem Rundholzstab jeweils 5 cm lange Stücke abgesägt. Das Holzstück senkrecht in den Schraubstock einspannen und mit der Raspel die obere Kante abrunden. Mit der Feile nacharbeiten. Mit der Kante der Raspel im Abstand von ca. 2 cm zum Kopfende ringsum eine Kerbe herausraspeln. Anschließend mit der runden Feile diese Kerbe nachfeilen, bis eine deutliche Vertiefung als Hals der Puppe entstanden ist.

Das Rumpfende wird glattgefeilt, so daß die Holzpuppe einen guten Stand erhält. Nun die gesamte Figur gut abschmirgeln. Mit der Farbe werden Haare, Gesicht, Kleidung, Arme und Hände aufgemalt. Nachdem die Farbe getrocknet ist, das Bienenwachs auftragen.

Lastwagen

Der handwerkliche Schwerpunkt liegt hier bei der Anbringung der Achsen und der Radbefestigung.

 **ALTER** *ab 9 Jahren*

DAUER *ca. 3 bis 4 Stunden*

MATERIAL & WERKZEUG *Brett oder Sperrholz: 1 bis 1,5 x 8 x 20 cm, 2 Holzleisten: 20 x 2,5 x 0,5 cm, 3 Holzleisten: 7 x 2,5 x 0,5 cm, Sperrholz: 7 x 8 x 0,5 cm*

für die Achsen: Holzleiste: 8 x 2 x 1 cm, 2 Rundstäbe 0,6 und 11 cm Ø, 4 Räder 3,5 bis 4 cm Ø, Schraubzwinge, PUK-Säge, Fuchsschwanz, Handbohrer, Bohrer Nr. 6 und 8, Holzleim, Schmirgelpapier, Deck- oder Abtönfarbe, Borstenpinsel Nr. 10, Bienenwachs, Lappen

In der Mitte der Räder wird mit dem Bohrer Nr. 6 ein Loch gebohrt (siehe Achsen, S. 91). Die Leisten auf die in der Zeichnung angegebenen Längen zusägen. Alle gesägten Teile gründlich abschmirgeln und gemäß der Zeichnung zusammenkleben.
Als Dach wird das Sperrholz auf die Vierkanthölzer geklebt. Die Achsen befestigen. Der Lastwagen kann anschließend bemalt werden. Zum Schluß wird das Bienenwachs mit einem weichen Lappen auf das Holz aufgetragen.

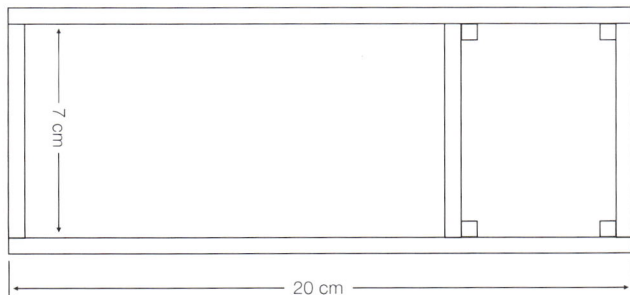

Schießfigur aus Holz

ALTER ab 7 Jahren

DAUER ca. 2 Stunden

MATERIAL & WERKZEUG *Holzleiste 15 x 5 x 4 cm, Rundholzstab, 0,6 cm Ø, 25 cm lang, PUK-Säge, flache Schlosserfeile, Handbohrer und Bohrer Nr. 6 und 8, Schmirgelpapier, Wattekugel 3 cm Ø, Wollreste, Deck- oder Abtönfarbe, Haarpinsel Nr. 4, Borstenpinsel Nr. 10, Klebstoff, Gummiring, Bienenwachs, Lappen*

Von der Holzleiste wird mit der PUK-Säge (oder Fuchsschwanz) ein 15 cm langes Stück abgesägt. Leiste und Rundholzstab gründlich abschmirgeln. In der Mitte der Leiste mit dem Bohrer Nr. 8 ein Loch durch das Holz bohren. Die Wattekugel mit Bohrer Nr. 6 ca. 1 cm tief anbohren, und den Rundholzstab mit etwas Klebstoff in die Kugel stecken. Die Leiste wird zuerst mit einer Farbe grundiert, anschließend werden Augen und Mund aufgemalt. Aus den Wollresten Haare für die Figur schneiden und aufkleben. Sämtliche freie Flächen mit dem Bienenwachs behandeln. Mit der PJK-Säge eine Kerbe in das Ende des Rundholzstabes sägen und mit der flachen Schlosserfeile vertiefen. Wattekugel und Rundholzstab ebenfalls bemalen.

Zum Schießen wird der Gummiring über die untere Gesichtshälfte der Holzfigur gelegt. Die „Nase" (Rundholzstab mit Wattekugel) einfügen und den Gummiring in die Kerbe einspannen.

95

Tukananstecker

Der kleine Tukananstecker wirkt durch seine einfache Form. Ob bemalt oder auch naturbelassen, ist er ein dekoratives Schmuckstück.

ALTER *ab 8 Jahren*

DAUER *ca. 1 Stunde*

MATERIAL & WERKZEUG *Sperrholzreste 0,5 cm stark, Laubsäge, Schraubzwinge, Papier, Bleistift, Schere, Schmirgelpapier, Holzleim, Deck- oder Abtönfarbe, Haarpinsel Nr. 4, Anstecknadel, Klebstoff, Bienenwachs, Lappen*

Auf das Papier wird die Form des Tukans und separat die des Flügels aufgezeichnet und ausgeschnitten. Die zwei Papierschablonen auf das Sperrholz übertragen und mit Hilfe der Laubsäge aussägen. Dazu wird das zu bearbeitende Werkstück mit der Schraubzwinge befestigt. Alle Holzteile sorgfältig abschmirgeln. Der Flügel wird mit Holzleim auf dem Körperteil festgeklebt. Danach kann der Vogel bemalt werden. Die Farben gut trocknen lassen. Abschließend wird das Holz mit einem Bienenwachsauftrag vor dem Austrocknen geschützt. Auf der Rückseite des Tukans die Anstecknadel mit Klebstoff befestigen.

Kreisel

ALTER   *ab 9 Jahren*

DAUER   *ca. 1 bis 1,5 Stunden*

MATERIAL & WERKZEUG   *Rundstab 0,6 cm Ø, 15 cm lang, Kreis aus Sperrholz 6 cm Ø, 0,5 cm stark, Handbohrer und Bohrer Nr. 6, runde Schlosserfeile, Schnitzmesser, Deck- oder Abtönfarben, Haarpinsel Nr. 4, Holzleim, Schmirgelpapier, Bienenwachs, Lappen*

An einem Ende des Rundholzstabes wird mit dem Schnitzmesser eine Spitze gearbeitet. In die Mitte des Sperrholzkreises mit dem Handbohrer ein Loch bohren und ausfeilen. Alle Flächen und Kanten müssen abgeschmirgelt werden. Nun den Rundholzstab mit der Spitze nach unten auf eine Länge von ungefähr 4 cm durch das Loch der Scheibe schieben. Vor der Weiterverarbeitung wird überprüft, ob sich der Kreisel gleichmäßig dreht. Je nach Bedarf lassen sich leichte Korrekturen durch Verschieben der Scheibe nach unten oder oben erreichen. Befindet sich die Holzscheibe in der richtigen Position, wird sie mit Holzleim fixiert. Zum Schluß kann der Kreisel bunt bemalt und mit Wachs behandelt werden.

Bumerang

Die Vorlage auf Karton übertragen, die Kartonvorlage wiederum auf das Holz zeichnen.

Die äußere Bumerangform sowie das Loch in der Mitte aussägen. Den Bumerang wie in der Zeichnung dargestellt mit Schraubzwingen am Tisch oder der Werkbank befestigen und die schraffierten Flächen mit der schräggehaltenen Feile in Pfeilrichtung bearbeiten. Das Holz solange abfeilen, bis eine scharfe Kante entstanden ist. Auf diese Weise werden alle drei Flügel bearbeitet. Die anderen Kanten mit der Feile abrunden. Dabei sollte auf weich verlaufende Übergänge zwischen den scharfen und runden Kanten geachtet werden. Den Bumerang gründlich abschmirgeln und gegebenenfalls bemalen. Abschließend wird das Holz mit Naturharzöl vor Feuchtigkeit geschützt.

HINWEIS   *Dieser Bumerang ist ausschließlich für Rechtshänder geeignet.*
Bumerangs können natürlich auch völlig andere Formen haben.
Dazu mehr in entsprechenden Fachbüchern. Ebenso zu speziellen Wurftechniken sollte man sich das notwendige Wissen aneignen.

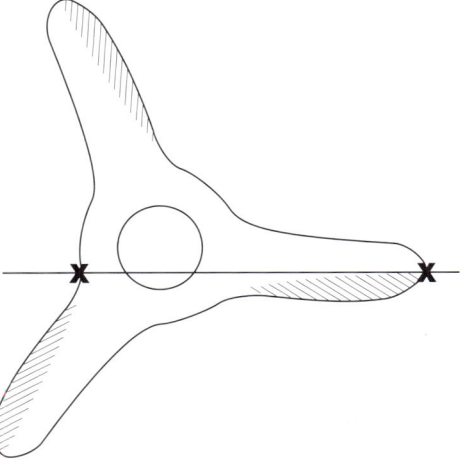

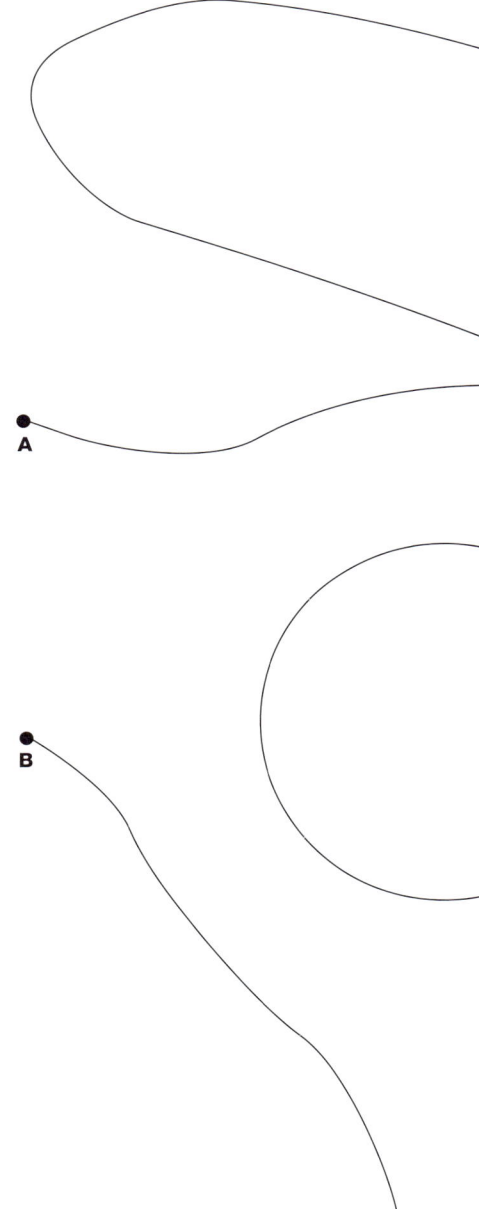

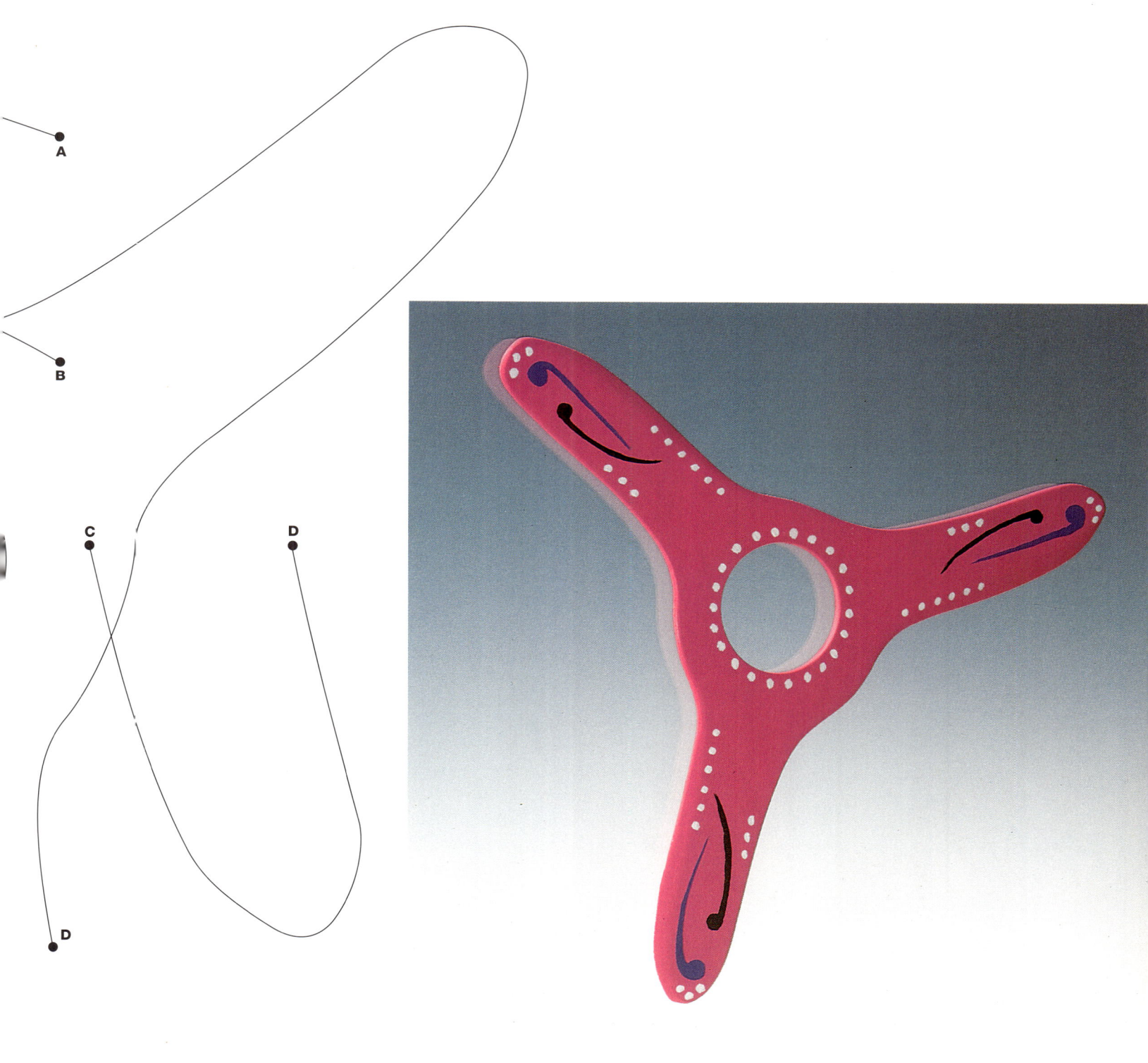

A

B

C

D

D

Modellieren mit Ton

Modellieren mit Ton

**Ton ist ein natürlicher Werkstoff.
Er entsteht durch die natürliche Abtragung und
Verwitterung von Gesteinen.**

*Ton ist einer der ältesten natürlichen und leicht zu bearbeitenden Rohstoffe und ideal für phantasievolle Modellierarbeiten.
Je nach Schamottanteil ist der Ton weicher und ohne Vorbereitung formbar. Für die Arbeit mit Kindern ist Töpfertonmasse empfehlenswert. Aus Ton lassen sich Gebrauchsgegenstände ebenso herstellen wie Dekorstücke. Wesentlich ist – wie auch beim Umgang mit Holz – die werktypische Ausgestaltung. Jede Oberflächenbehandlung sollte dieser Form „dienen", ihr stärker Ausdruck verleihen. Entsprechend bewußt und sparsam sollten Dekor- und Farbmittel eingesetzt werden. Nach dem Rohbrand erfüllen Glasuren z.B. den Zweck, den porösen Scherben wasserdicht zu machen und ihm eine glatte, glänzende und gut zu reinigende Oberfläche zu geben. Soll die Töpferarbeit durch farbigen Glasurbrand ergänzt werden, sollten nur schwermetallfreie und für Eß- und Trinkgeschirr ausgewie-*

*sene Glasuren ausgewählt werden. Vorsicht kann bei intensiven Blautönen angebracht sein.
Diese gibt es zwar auch in bleifreier Qualität, aber Spuren von Barium oder Kobalt können enthalten sein. Aufgrund dessen als „mindergiftig" eingestuft, unterliegen sie der Kennzeichnungspflicht.
Bei Töpferarbeiten mit Kindern ist es häufig ausreichend, für den gebrannten Ton spezielle Hobbyfarben oder Tonlasuren auf Naturstoffbasis zu verwenden. Diese sind lasierend oder deckend und zum Teil auch wasserfest. Ein weiterer, energieaufwendiger Brennvorgang kann damit entfallen. Prinzipiell nicht empfehlenswert sind dagegen im Backofen aushärtende Modelliermassen. Diese bestehen aus weichmacherhaltigem PVC und können beim Trocknen im Backofen giftige Dämpfe abgeben. Sie sind mit dem Warnhinweis „Gefahr bei Verschlucken und beim Einatmen von Dämpfen. Kein Kinderspielzeug!" versehen.*

Arbeitsplatz

Wie beim Werken mit Holz benötigt man zum Töpfern eine Werkbank oder einen stabilen Tisch. Holzwerken und Töpfern können am gleichen Arbeitsplatz ausgeübt werden. Der Tisch muß stets gründlich gereinigt sein, mit einem Tischbesen gefegt und dann sorgfältig mit einem nassen Tuch abgewischt werden. Es ist sinnvoll, die Töpferwerkstatt in der Nähe eines Waschbeckens einzurichten.

Material und Werkzeug

Ton

Ton ist ein Mineral, das durch geologische Verwitterungsprozesse aus magmatischem Gestein vor Millionen von Jahren entstanden ist. Es besteht aus Tonerde und Kieselsäure mit einem Anteil chemisch gebundenen Wassers. Ton, wie er in der Natur vorkommt, ist allerdings mit verschiedenen Gesteinarten des Muttergesteins oder anderen Unreinheiten, bedingt durch die Erosion, versetzt.

Ton wird beim Brennen einem hohen Hitzegrad ausgesetzt, der ihn erneut zu einer sehr harten Materie verwandelt.

In Töpfereien und Bastelgeschäften werden unterschiedliche Arten von Ton angeboten: Töpfer-, Steingut-, Steinzeug- und Gießtonmasse sind die wichtigsten. Fetter Ton eignet sich für die Arbeit an der Töpferscheibe, magerer Ton zum Modellieren und für die Aufbautechnik. Daher sollte beim Kauf unbedingt angegeben werden, wofür der Ton verwendet wird.

Für die Arbeit mit Kindern ist Töpfertonmasse empfehlenswert. Sie wird meist in luftdicht verpackten Ballen von 10 kg verkauft.

Werkzeug und weiters Zubehör

Zum Töpfern werden nur wenige Werkzeuge benötigt. Für eine Gruppe von etwa 6 Kindern sollten folgende Werkzeuge angeschafft werden: 1 Tonabschneider, 6 Modellierstäbe aus Holz mit unterschiedlichen Modellierformen, 6 Modellierschlingen mit unterschiedlichen Schlingenformen, 2 Wellhölzer oder dicke Rundstäbe zum Ausrollen,

2 Messer mit langen, stumpfen Klingen, 6 Töpferunterlagen (ca. 50 x 50 cm, z.B. Holzplatten oder Linoleumreste), feuchte Tücher zum Abdecken von Tonresten, Glas mit Schraubdeckel für Schlicker, kleine Schälchen für Wasser, mehrere Leisten (ca. 40 cm lang, ca. 5 bis 6 cm breit, 1 cm hoch);

zum Dekorieren und Glasieren: Borstenpinsel, feines Drahtsieb, Engoben, fertige Glasuren oder Glasuren zum Ansetzen sowie Tonlasuren auf Naturstoffbasis, Gläser mit Schraubdeckel, Nägel, Eimer oder Schüssel, Glasurzange, Handschuhe, Malkittel

zum Brennen: Schmirgelpapier, Lappen oder Schwamm, Brennofen

Brennofen

Brennöfen gibt es in verschiedenen Größen und Ausstattungen. Wenn kein eigener Brennofen vorhanden ist, in Schulen, Volkshochschulen oder Töpfereien nachfragen, ob dort gegen eine Gebühr gebrannt werden kann. Wird regelmäßig getöpfert, lohnt es sich meist, eventuell zusammen mit einer anderen Einrichtung, einen eigenen Brennofen anzuschaffen.

Aufbewahrung von Ton und Werkzeug

Damit der Ton nicht austrocknet, muß er stets luftdicht gelagert werden, z.B. in einer ausrangierten, fest verschlossenen Plastiktüte. Die Anschaffung spezieller Tonkisten lohnt sich jedoch nur bei größeren Tonmengen.

Das Werkzeug bewahrt man am besten in großen Gläsern oder Dosen auf. Nach jedem Töpfern sollten Unterlagen, Werkzeug und Tücher kräftig ab- bzw. ausgespült werden. Es empfiehlt sich, alle acht Wochen sämtliche Töpferutensilien gründlich mit heißem Wasser zu reinigen und dabei alle Tonreste zu entfernen.

Beim Töpfern wird zunächst der Ton aufbereitet und das Werkstück geformt. Danach erfolgt der Schrühbrand. Anschließend werden die Gefäße nach Wunsch lasiert oder dekoriert, glasiert und erneut gebrannt.

◆*TIP: Vor dem Töpfern die Hände gründlich reinigen! Rückstände von Creme machen den Ton fettig und rissig. Da Ton der Haut Wasser entzieht, sollten sich die Kinder nach dem Töpfern gut die Hände eincremen.*

Grundtechnik

Aufbereiten von Ton

Vor dem Modellieren muß der Ton aufbereitet werden, dabei wird er gut durchgeknetet und geschlagen. Diese Tätigkeit ist zwar etwas mühsam aber wichtig, um den Ton zu homogenisieren und Lufteinschlüsse zu beseitigen. Sie könnten beim Brennen ein Zerplatzen der Werkstücke bewirken.

Das Aufbereiten sollte vor jedem Töpfern erfolgen.

Einen Tonklumpen von etwa 10 cm Durchmesser mehrmals mit viel Kraft auf die Unterlage werfen, damit der Ton sich dicht zusammenfügt. Anschließend den Klumpen mit beiden Händen kräftig durchkneten, dabei auch das Gewicht des Oberkörpers mit einsetzen. Der Ton wird zu einer durch und durch gleichmäßigen Masse geknetet. Als Anfänger kann man zur Kontrolle mit dem Tonabschneider ca. 1 cm dicke Scheiben abschneiden und diese überprüfen. Wenn keine Luftblasen, Risse oder harte Tonklümpchen zu sehen sind, ist der Ton fertig zum Verarbeiten.

Andernfalls weiter durchkneten. Fortgeschrittene schneiden vom Tonklumpen ein Stück ab und drücken es leicht zusammen. Ist der Ton fertig aufbereitet, wölbt sich dabei die Schnittfläche gleichmäßig. Besteht die Wölbung aber aus unregelmäßigen Wellen, muß weiter geknetet werden.

Tonreste

Beim Arbeiten mit Ton ergeben sich immer wieder Reste. Kleine Tonstückchen werden zu einem Tonklumpen geformt und mit einem feuchten Tuch bedeckt. Eingetrocknete Tonreste können zerkleinert, in Wasser eingeweicht und dann wieder aufbereitet werden.

Herstellung von Schlicker

Kleine Tonstückchen verrührt man mit Wasser zu einem cremigen, streichfähigen Brei, dem Schlicker. Er dient bei allen Töpferarbeiten als Verbindungsmittel. Der Schlicker wird im Schraubglas aufbewahrt und durch Tonreste nach Bedarf aufgefüllt.

Aufbautechnik

Keramische Formen lassen sich auf verschiedene Arten herstellen. Die Formgebung mit Tonplatten ist eine der einfacheren Methoden.

ALTER *ab 7 Jahren*

DAUER *ca. 30 bis 60 Minuten (je nach Größe)*

Aufbautechnik mit Platten

Aus Tonplatten, die miteinander verbunden werden, lassen sich schöne Gefäße herstellen wie Becher, drei- oder mehreckige Blumenübertöpfe, Vasen und Dosen.

Herstellen der Platten

Den aufbereiteten Ton auf der Unterlage mit dem Wellholz ausrollen, dabei immer wieder anheben, um ein Ankleben zu vermeiden. Die Platten sollten alle gleich dick sein, eine Stärke von etwa 1 cm ist empfehlenswert. Dazu den Ton zwischen zwei entsprechend hohe Leisten legen (1 cm hoch) und so lange auswellen, bis das Wellholz auf den Leisten rollt. Dünnere Ränder abschneiden und zu neuen Tonklumpen formen.

Aufbauen des Gefäßes

Aus der ausgerollten Tonplatte mit einem Messer die Seitenteile und den Boden des Gefäßes in den gewünschten Maßen zuschneiden und an den Verbindungsstellen mit einem Modellierstab aufrauhen. Diese Stellen mit Schlicker (Herstellung, siehe Seite 104) einstreichen. Dann ein Seitenteil auf den Boden setzen und beide Teile mit entsprechendem Druck aufeinanderdrücken. An der Außenseite den Ton nach oben und nach unten verstreichen, so daß die Ansatzstelle verschwindet. An die Innenfuge einen dünnen Tonwulst legen, der nach beiden Seiten mit den Fingern oder mit einem Modellierholz gut verstrichen wird. Das Gefäß auf diese Weise fertigstellen. Wenn keine Fugen mehr zu sehen sind, kann die Oberfläche mit den Fingern oder einem Modellierstab mit wenig Wasser geglättet werden.

**Gefäße in unterschiedlichen Formen und Größen
lassen sich mit Tonwülsten gestalten,
sie können rund, eckig, gerade oder gewölbt sein.**

◆ *TIP: Bei dieser Technik muß
zügig gearbeitet werden, sonst
verbinden sich die Tonwülste
nicht ausreichend und es bilden
sich Risse. Den Tonvorrat und die
Wülste stets mit feuchten Tüchern
abdecken.*

Aufbautechnik mit Tonwülsten

Herstellen der Bodenplatte

Zunächst mit dem Wellholz eine Bodenplatte in der gewünschten Größe ausrollen und mit dem Messer zuschneiden. Die Platte sollte etwa 1 cm stark sein, bei kleineren Gefäßen (bis ca. 10 cm Höhe) nur 0,5 cm.

Aufbauen mit Tonwülsten

Von einem aufbereiteten Tonblock kleinere Stücke abnehmen und jeweils zu einem Tonwulst rollen. Dabei mit beiden Händen arbeiten, damit der Wulst gleichmäßig wird. Der Durchmesser sollte bei Gefäßen bis 30 cm Höhe etwa 0,5 bis 1 cm betragen, die Länge dem Umfang der Bodenplatte entsprechen. Nach dem Ausrollen der ersten fünf Wülste den aufgerauhten Rand der Bodenplatte mit Schlicker bestreichen, den ersten Tonwulst genau darauflegen und leicht andrücken. Die Fugen innen und außen gut verstreichen. Die nächsten Wülste

106

Der Werkstoff Ton spricht das gestalterische und ästhetische Empfinden an. Wenn man die Kinder mit Ton experimentieren läßt, entstehen phantasievolle Figuren oder Gebrauchsgegenstände.

auflegen und genauso verarbeiten. Nun kann man die Form überprüfen und eventuelle Unregelmäßigkeiten korrigieren: Dickere Stellen gut verstreichen, zu dünne Stellen mit wenig zusätzlichem Ton verstärken.

Glätten des Gefäßes

Die Anzahl der Wülste richtet sich nach der Größe des Gefäßes. Zum Abschluß kann man die Oberfläche noch etwas glätten, indem mit einem Modellierstab einige Male schräg über das Gefäß gestrichen wird. Ist die Oberfläche sehr unregelmäßig, wird mit einem feuchten Schwamm darübergewischt.

Anbringen eines Henkels

Soll einem Gefäß ein Henkel angesetzt werden, einen Tonwulst in der gewünschten Länge zuschneiden und mit Schlicker an den aufgerauhten Ansatzstellen anbringen. Statt mit Tonwülsten kann auch mit Tonstreifen gearbeitet werden.

Aushöhltechnik

Tonmodelle ab etwa 5 cm Durchmesser müssen ausgehöhlt werden, damit sie beim Brennen nicht zerplatzen.

Sparschwein

Für dieses Sparschwein wurde eine Rolle, 15 cm lang und 10 cm dick, geformt, ausgehöhlt und mit Schlicker wieder zusammengesetzt. Aus kleinen Tonstücken Kopf, Ohren, Beine und Schwanz modellieren. Die Teile mit Schlicker an dem Tonkörper befestigen. Mit einem Messer an der Oberseite einen Schlitz schneiden und an der Unterseite eine kreisrunde Öffnung herausschneiden. Anschließend erfolgt der Schrühbrand. Danach glasieren und erneut brennen. Die untere Öffnung mit einem Stückchen Filz und etwas Klebstoff verschließen.

Aushöhlen

Eine Kugel oder eine andere gewünschte Körperform aus Ton modellieren und mit einem Messer oder Tonabschneider in der Mitte auseinanderschneiden. Die eine Hälfte mit einem feuchten Tuch bedecken, die andere mit einer Modellierschlinge aushöhlen. Dabei muß rundum ein Rand von 5 bis 10 mm stehen bleiben. Anschließend die zweite Hälfte genauso bearbeiten. Beide Ränder mit Schlicker bestreichen und die Form zusammensetzen. Die Fugen gründlich nach beiden Seiten verstreichen.

Mit dieser Technik lassen sich auch Vasen oder Becher herstellen. In der gewünschten Form wird zunächst ein Tonblock hergestellt und dann mit einer Modellierschlinge ausgehöhlt.

Tonreliefs

Für Wandschmuck oder Dekorationen auf Tongefäßen können auch reliefartige Bilder aus Ton gefertigt werden.

ALTER *ab 8 Jahren*

DAUER *ca. 1 Stunde*

 **MATERIAL & WERKZEUG** *siehe Seite 103, zusätzlich: Teller für die Form der Tonplatte*

Als Grundfläche für einen Wandschmuck benötigt man eine ca. 1 cm dicke Tonplatte. Sie wird wie auf Seite 105 beschrieben zugeschnitten oder nach einer aufgelegten Form, z.B. einem Teller, ausgeschnitten. Sehr kleine, millimetergroße Tonstückchen werden nach und nach auf den Ton aufgelegt und verstrichen, bis die gewünschte Erhebung entstanden ist. Um ein Abplatzen der Dekorationen zu vermeiden, muß dabei langsam und sorgfältig gearbeitet werden. Gerade Kinder neigen dazu, größere Tonstückchen anzusetzen, um schneller zu einem Ergebnis zu kommen. So entstehen aber nur Verbindungen an der Oberfläche und das gesamte Relief kann beim Brennen abplatzen.

109

Dekorieren, Glasieren & Brennen

Tongegenstände können noch vor dem Brennen mit Tonbrei dekoriert und nach Wunsch mit Mustern verziert werden. Das Auftragen der Glasuren erfolgt allerdings erst nach dem ersten, dem Schrühbrand.

Dekorieren

Engobieren und Sgraffito

Engobe ist dünnflüssiger Tonschlicker, den es in verschiedenen Farben gebrauchsfertig zu kaufen gibt. Engoben werden durch Begießen, Bemalen oder Eintauchen auf das Werkstück aufgebracht. Trägt man mehrere Engoben nebeneinander auf, so entstehen schöne Marmormuster. Den richtigen Zeitpunkt für das Engobieren zu finden, ist nicht ganz einfach, der Ton sollte gerade lederhart geworden sein. Wird die Engobe zu früh aufgetragen, weicht sie auf. Ist der Ton schon zu hart, kann sie beim Brennen abbröckeln. Das Engobieren sollte man deshalb mehrmals an einem Probestück testen.

Wenn die Engobe lederhart angetrocknet ist, können mit einem Nagel Linienmuster eingekratzt werden. Die darunterliegende andersfarbige Tonschicht wird wieder sichtbar. Diese Technik nennt man Sgraffito (Ritztechnik).

Anschließend werden die Werkstücke geschrüht, eventuell mit einer farblosen Glasur bemalt und ein zweites Mal gebrannt. Oder man trägt die Glasur direkt auf die Engobe auf und macht einen Glasurbrand. Auch diese Techniken sollten zuerst an Probestücken getestet werden. Engoben lassen sich auch auf geschrühte Teile auftragen.

Schrühbrand

Damit aus den Werkstücken haltbare Gegenstände werden, müssen sie mindestens einmal, meist sogar zweimal gebrannt werden. Zunächst sollten sie jedoch vollständig trocknen. Dazu werden sie in einem kühlen und trockenen Raum aufbewahrt. Nach ungefähr einer Woche ist der Ton vollständig getrocknet. Unregelmäßigkeiten an der Oberfläche können nun mit Schmirgelpapier entfernt werden. Damit kein Staub an den Werkstücken haftet, wischt man sie vor dem Brennen mit einem trockenen Schwamm oder Tuch ab. Den ersten Brand der Tongegenstände bei ca. 900°C nennt man Schrühbrand. Dabei werden alle organischen Stoffe im Ton verbrannt, die Werkstücke schrumpfen dadurch ein wenig. Sie sind aber nach diesem Brand noch nicht wasserdicht.

Für den Schrühbrand kann die staubfreie Töpferware im Brennofen ruhig auf- oder ineinandergestellt werden. Dünnwandige oder sehr große Gefäße sollten jedoch auf einer eigenen Ebene gebrannt werden, damit sie beim eventuellen Zerspringen keine anderen Teile beschädigen.

Der Brennvorgang dauert einschließlich Abkühlungszeit etwa 8 bis 10 Stunden. Den Brennofen nicht öffnen, bevor er auf etwa 100° C abgekühlt ist. Für den gebrannten Ton bieten Naturfarbenhersteller deckende, wasserfeste Kaltfarben zum Bemalen an. Ebenso gibt es Tonlasuren zur farbig-transparenten Endbehandlung des Werkstücks.

Glasuren

Geschrühte Werkstücke werden erst durch das Auftragen einer Glasur und ein erneutes Brennen wasserdicht. Gefäße sollten daher stets auch innen glasiert werden. Glasuren und Ton müssen aufeinander abgestimmt sein, da die Brenntemperatur übereinstimmen muß. Deshalb besorgt man beides am besten

Anregungen zum Nachgestalten findet man überall, da viele Alltagsgegenstände aus Ton gefertigt sind. Die Nützlichkeit der Werkstücke sollte jedoch am Anfang nicht im Vordergrund stehen.

bei der gleichen Bezugsquelle. Es gibt transparente und deckende, matte und glänzende, einfarbige und Effektglasuren. Beim Kauf sollte grundsätzlich auf schwermetallhaltige Glasuren verzichtet werden (z.B. bleihaltig). Deshalb Glasuren wählen, die auch für Eßgeschirr zu verwenden sind. Ein entsprechender Hinweis ist in der Regel auf der Verpackung angegeben.
Glasuren der getöpferten Gegenstände, die zusammen gebrannt werden, müssen die gleiche Brenntemperatur haben. Gut geeignet für Anfänger sind fertig angesetzte Glasuren, man erhält sie in Hobbygeschäften und Töpfereien.

Auftragen der Glasuren

Gefäße werden innen und außen glasiert, grundsätzlich bleibt der Boden bzw. die Standfläche aller Gegenstände frei von Glasur, damit die Werkstücke beim Brennen nicht

auf der Platte festkleben.
Das Auftragen der Glasuren auf die geschrühten Werkstücke erfolgt durch Auftupfen, Eintauchen oder Begießen.

Glasieren durch Auftupfen

Kleine Teile glasiert man am besten mit einem Borstenpinsel. Die Glasur wird dabei nicht aufgemalt, der Auftrag wäre sonst zu dünn, sondern aufgetupft.

Glasieren durch Eintauchen

Bei größeren Gefäßen erzielt man ein gleichmäßigeres Ergebnis, wenn das Werkstück in die Glasur eingetaucht wird. In einem Eimer oder einer Schüssel genügend Glasur ansetzen, so daß das Gefäß vollständig eingetaucht werden kann. Das Gefäß mit der Öffnung nach unten etwa fünf Sekunden lang mit der Glasurzange schräg in die Glasur tauchen und dabei leicht drehen. Nach dem Herausziehen so lange senkrecht halten, bis keine Glasur mehr heruntertropft.

Glasieren durch Begießen

Sehr große Gefäße werden mit der Glasur begossen. Zunächst etwas Glasur in das Gefäß schütten und durch Drehen und Schwenken so verteilen, daß die gesamte Innenfläche mit Glasur bedeckt ist. Um Glasurreste zu entfernen, das Gefäß umstülpen. Wenn die Innenseite getrocknet ist, das Gefäß mit der Öffnung nach unten auf zwei Leisten stellen, die parallel über einer großen Schüssel liegen. Dann die Außenseite möglichst rasch begießen, damit die Glasur gleichmäßig wird.
An den Außenseiten sollten die Gefäße nur bis etwa 3 mm über dem Boden glasiert sein, damit die Glasuren nicht herunterlaufen und an den Platten im Ofen "festbacken". Damit die Glasur nicht beschädigt wird, glasierte Werkstücke möglichst nur noch zum Einsetzen in den Brennofen anfassen!

Glasurbrand

Durch das Brennen schmelzen die Glasurbestandteile und bilden einen glasharten Überzug. Er ist wasserdicht, wenn die Glasur sorgfältig aufgetragen wurde.

Einräumen in den Brennofen

Vor dem Einräumen in den Brennofen müssen alle Böden und Standflächen der Tongegenstände sorgfältig mit einem feuchten Schwamm abgewischt werden, um sämtliche Glasurreste zu beseitigen.

Die Werkstücke dürfen beim Glasurbrand nur nebeneinanderstehen, ohne sich zu berühren, sie würden sonst zusammenkleben!

Auf die erste Bodenplatte zunächst an allen vier Ecken die Stützen für die zweite Platte bauen. Dann etwa gleich hohe Werkstücke mit genügend Abstand voneinander auf die Bodenplatte stellen, eventuell Dreifüße unter den Gefäßboden setzen.

Ist die Platte vollgestellt, erhöht man die Stützen, bis sie das höchste Werkstück um ca. 1 cm überragen. Dann die zweite Platte auflegen, weitere Stützen aufbauen und Werkstücke aufstellen. Nach Bedarf und Platz weitere Platten auflegen. Abhängig von der benötigten Temperatur kann der Glasurbrand einschließlich Abkühlungszeit bis zu 36 Stunden dauern. Auch hier darf der Ofen nicht geöffnet werden, bevor er auf ca. 100°C abgekühlt ist. Sonst können Risse in der Glasur entstehen.

Weiterführende Ideen

◆ VERZIERUNGEN: Nägel, Schrauben, Pflanzen, Stoffe und andere Dinge können als Verzierungen auf Tongegenständen abgedruckt werden.

◆ GEMEINSCHAFTSARBEITEN: Themen wie "Zoo", "Stadt" oder "Menschen" werden mit Werkstücken aus Ton gemeinschaftlich erarbeitet. Mit den Objekten wird nach der Fertigstellung eine Szene dargestellt.

◆ GESCHIRR TÖPFERN: In der Gruppe Geschirr töpfern, das in der Einrichtung gemeinsam benutzt werden kann.

◆ *TIP: Vor dem ersten Glasieren auf Tonplättchen Glasurproben aufbringen und brennen! Dabei werden natürlich nicht nur die Probestückchen gebrannt. Der Ofen sollte immer vollständig bestückt sein.*

Henne und Hahn

Je nach Fähigkeiten und Ausdauer der Kinder, kann die Ausgestaltung der Tierfiguren reduziert und dadurch vereinfacht werden.

ALTER	*ab 9 Jahren*
DAUER	*ca. 1,5 Stunden*
MATERIAL & WERKZEUG	*Ton, Modellierschlinge, Schlicker, evtl. Glasur, Pinsel*

Modellieren der Tierfiguren

Die beiden Tierfiguren sind in der Aushöhltechnik, siehe Seite 108, gearbeitet. Aus dem Ton wird pro Figur eine Kugel von ca. 8 cm Durchmesser für das Körperteil geformt. Etwas Ton für die Ausgestaltung von Schnabel, Kamm, usw. übriglassen. Danach die Kugel in der Mitte durchschneiden. Schlicker gemäß der Beschreibung auf Seite 104 ansetzten. Beide Kugelhälften mit der Modellierschlinge vor-

sichtig aushöhlen, und mit dem vorbereiteten Schlicker zusammensetzen. Die Kugel wird auf der Arbeitsfläche etwas angedrückt, so daß sie eine "Standfläche" erhält. Mit den Fingern die Tonkugel zur Körperform modellieren. Schnabel, Kamm und Schwanzfedern aus dem restlichen Ton formen und mit etwas Schlicker an die Körperform drücken.

Glasieren und Brennen

Nach der Ausgestaltung erfolgt der Schrühbrand. Danach die Tierfigur nach Wunsch mit Glasur verzieren, siehe Seite 110 ff. Abschließend nochmals brennen. Die zweite Tierfigur in der gleichen Weise modellieren.

Kette

Das Modellieren von Tonperlen ist ein idealer Einstieg in das Töpfern. Mit individuellen Glasuren, Lasuren oder Bemalungen wird jede Kette zum unvergleichlichen Einzelstück.

ALTER *ab 7 Jahren*

DAUER *ca. 45 Minuten pro Kette (ohne Verzierung)*

 **MATERIAL & WERKZEUG** *Ton, Schaschlikstab oder dicke Nadel, Modellierholz, Unterlegscheiben, Lederbänder, Kaltfarbe, Tonlasur oder Effektglasur in verschiedenen Farben, Pinsel, Stäbchen zum Brennen der Perlen (Fachhandel)*

Formen der Perlen

Aus dem Ton werden viele Kugeln in den gewünschten Größen für die Kette geformt. Dazu etwas Ton mit der flachen Hand auf der Arbeitsfläche zur Kugel rollen. Die Rundungen der Perlen der unteren beiden Ketten (siehe Abb.) wurden seitlich begradigt.

Anschließend die Perlen mit dem Schaschlikstab oder einer dicken Nadel durchbohren. Die Öffnung muß ausreichend groß sein, damit die Perlen später auf das Lederband gereiht werden können. Falls die Perlen nicht bemalt oder glasiert werden, können sie auch nur mit dem Modellierholz verziert werden. Nach dem Formen erfolgt der Schrühbrand, siehe Seite 110.

Verzieren der Perlen

Die gebrannten Perlen werden nun ganz individuell ausgestaltet. Geeignet sind dafür besonders die wasserfesten Kaltfarben oder auch die farbig-transparenten Tonlasuren von Naturfarbenherstellern. Perlen, die mit diesen Kaltfarben oder

Lasuren verziert sind, müssen nicht mehr gebrannt werden.

Mit dem Pinsel können nun Muster in Form von Punkten, Linien oder einfachen Ornamenten aufgemalt werden. Bei der Verzierung der Perlen bietet es sich an, je nach Ausstattung der Töpferwerkstatt, die Wirkung der verschiedenen Gestaltungsmittel auszuprobieren.

Brennen

Nur die glasierten Perlen nochmals brennen, siehe Seite 112. Sie müssen auf kleinen Stäbchen in den Brennofen gestellt werden. Dies ist wichtig, da sie sonst anbacken würden. Auf die Stäbchen kann verzichtet werden, wenn an einer Seite der Öffnung keine Glasur aufgetragen wurde. Dies ist allerdings für Kinder recht schwierig.

Ausgestaltung

Die Perlen werden auf ein Lederband gereiht. Nach Belieben können sie abwechselnd mit kleinen Unterlegscheiben kombiniert werden (siehe Abb).

114

Vase

**Kinder sammeln erste Erfahrungen bei der Formgebung:
Die Vasen werden nach Belieben bauchig, gerade, zur Öffnung
hin breiter oder schmaler geformt.**

| **ALTER** | ab 10 Jahren |

| **DAUER** | ca. 2 Stunden |

 **MATERIAL & WERKZEUG** *Ton, Schlicker, Wellholz, Modellierstab, Glas ca. 7 cm Ø, feuchtes Tuch, Glasur*

Grundform

Die Vase wird in der Aufbautechnik mit Tonwülsten, Seite 106, modelliert. Mit dem Wellholz wird etwas Ton ca. 1 cm dick ausgerollt. Daraus mit dem Glas den Boden der Vase ausstechen.

Anschließend mit beiden Händen einen gleichmäßigen Wulst von ca. 22 cm Länge und 1 cm Stärke rollen. Die Tonwulst kreisförmig auf den Vasenboden legen. Außen und innen mit bereitgestelltem Schlicker, siehe Seite 104, gut verstreichen. Auf diese Weise weitere Tonwülste herstellen und jeweils auf die vorhergehende Wulst aufsetzten, bis die gewünschte Höhe erreicht ist. Nach jedem Arbeitsgang den Ton wieder mit dem Schlicker verstreichen. Den Ton, der nicht bearbeitet wird, stets mit einem feuchten Tuch abdecken.

Die Vasenöffnung wird mit den Fingern leicht nach außen gewölbt. Dabei an einer Stelle eine weich verlaufende Spitze formen.

Glätten und Verzieren

Haben sich Unebenheiten gebildet, können diese mit den Fingern oder dem Modellierstab und wenig Wasser geglättet werden.
Nach dem Glätten wird die Außenseite der Vase unterhalb der Spitze verziert: Mehrere dünne Tonwülste in angedeuteter Bogenform mit Schlicker auf der Vase anbringen.

Glasieren und Brennen

Anschließend erfolgt der Schrühbrand. Danach die Vase glasieren, damit sie wasserundurchlässig wird. Erneut brennen, siehe Seite 110 ff.

Duftlicht

Mit etwas Übung sind die Kinder durchaus in der Lage, dieses Duftlicht zu modellieren. Die ausgeschnittenen Verzierungen lassen das Kerzenlicht austreten.

ALTER — *ab 10 Jahren*

DAUER — *ca. 2 Stunden*

MATERIAL & WERKZEUG — *Ton, Schlicker, Wellholz, Messer, Modellierstab, 2 Gläser, ca. 7 und 9 cm Ø , Tuch, evtl. Glasur, Teelicht*

Modellieren und Verzieren

Das Duftlicht wird in der auf Seite 105 beschriebenen Plattentechnik hergestellt. Den Ton mit dem Well-holz gleichmäßig ca. 7 mm dick ausrollen. Mit den Gläsern zwei Kreise ausstechen und unter das angefeuchtete Tuch legen.

Eine Tonplatte, 22 x 20 cm, mit dem Messer ausschneiden: Die Länge ergibt sich aus dem Umfang des kleineren Tonkreises. In das Recht-eck nun eine Öffnung für das Tee-licht und evtl. weitere Verzierungen schneiden.

Den Rand des kleineren Kreises mit vorbereitetem Schlicker, Seite 104, bestreichen. Das ausgestaltete Rechteck darauf andrücken und den Schlicker gut verstreichen. Die seitliche Öffnung des Tonrechtecks ebenfalls mit Schlicker schließen. Aus dem zweiten, größeren Ton-kreis mit den Fingern eine Schale formen und in die Öffnung einpas-sen. Die Ränder gut mit Schlicker verstreichen.

Glasieren und Brennen

Anschließend erfolgt der Schrüh-brand. Danach kann das Duftlicht glasiert werden, dann erneut bren-nen, siehe Seite 110 ff.

Grundtechniken

Malen
auf Seide

Malen auf Seide

Die Seidenmalerei hat eine jahrtausendealte Geschichte, ihr Ursprung liegt in China. Für Tücher, Kleidung, Schmuck oder dekorative Bilder bietet bemalte Seide vielfältige Verwendungsmöglichkeiten.

Für die Arbeit mit Kindern eignen sich bügelfixierbare Seidenmalfarben. Diese enthalten in der Regel Wasser als Lösemittel, Bindemittel auf Acrylatbasis, Benetzungsmittel, Konservierer sowie synthetische Farbstoffe. Führende Markenhersteller versichern, daß die Farben geprüft sind und den Anforderungen der Europäischen Norm EN 71 (Sicherheit von Spielzeug), Teil 3 (Migration von Schwermetallen) entsprechen. Bei sachgemäßem Umgang, ist von keinem großen toxischen Risiko auszugehen.

Volle Deklaration und Herkunft der eingesetzten Inhaltsstoffe zeichnen demgegenüber die Naturfarben aus, die mittlerweile auch für den Seidenmalbereich angeboten werden.
Diese Farben sind ebenfalls in Wasser gelöst, enthalten aber pflanzliche oder mineralische Farbpigmente, pflanzliche Harze und Öle sowie zum Teil noch Alkohol und Lebensmittelkonservierer.

Naturfarben sind im allgemeinen gedeckter als die synthetischen Farben. Schonende Produktionsverfahren, weitgehende Schadstofffreiheit sowie die Priorität nachwachsender, natürlicher Rohstoffe mit ihren bekannten Auswirkungen auf Mensch und Umwelt begründen, warum z.B. grelle Grün-, Gelb- oder Rottöne im Sortiment fehlen. Denn diese Töne können nur mit synthetischen Pigmenten in energieaufwendigen und schadstoffbelasteten Herstellungsverfahren produziert werden. Ein weiterer Unterschied besteht auch im Malverhalten. Die Fließeigenschaften der Naturseidenmalfarben sind geringer, d.h. die Farben laufen nicht „unkontrolliert" davon – ein weiterer Pluspunkt, der sie für den Einstieg mit Kindern empfehlenswert macht.

Da die Haltbarkeit der Farben geringer ist, sollten sie kühl und gut verschlossen gelagert und nach dem ersten Öffnen bald verbraucht werden.

Material und Werkzeug

Seide

Gemalt wird auf 100% reiner Seide. Die Größe des Stoffes richtet sich nach dem gewünschten Werkstück. Seide wird in den handelsüblichen Breiten von 90 cm, 120 cm und 140 cm in vielen Qualitäten angeboten. Hier eine Aufstellung der am besten geeigneten Gewebearten:
Pongé 05 ist das beliebteste Gewebe für die Seidenmalerei, eine glänzende, leichte Seide mit glatter Struktur und gutem Fließverhalten. Da das leichte Gewebe nicht so viel Farbe aufnehmen kann, wirken die Farben transparent und duftig.
Pongé 08 ist etwas schwerer als *Pongé 05*. Die Farben erscheinen auf dieser Seide besonders kräftig und brillant.
Crèpe Satin läßt sich sehr gut bemalen. Das dichte Gewebe hat eine stark glänzende Oberseite von glatter Struktur, die Unterseite ist matt. Die Seide ist knitterarm und fällt schön, eignet sich daher besonders für Kleidung, Kissen, Tücher und alles, wofür ein intensiver Glanz erwünscht ist.

Im Fachhandel erhält man bereits fertig gesäumte (handrollierte) Seidentücher in vielen Größen. Für die Seidenmalerei am gebräuchlichsten ist das Format 90 x 90 cm.
Ebenfalls vorgefertigt werden zum Bemalen angeboten: Seidenschals in verschiedenen Größen und Ausführungen, Taschen- und Nickitücher, Krawatten, T-Shirts, Westen, Blusen, Kimonos, Wäsche, Kissenbezüge, Bänder, Haarschmuck und weitere Accessoires aus Seide. Passepartouts für Grußkarten und Schmuckrohlinge können mit Seide gestaltet werden.

Rahmen

Beim Bemalen darf die Seide nicht aufliegen, sie wird daher stets aufgespannt. Für die Grundausstattung empfiehlt sich ein Rahmen von ca. 1 x 1 m, Seitenhöhe mindestens 4 cm. Im Handel werden verstellbare Rahmen angeboten. *Steckrahmen* sind preiswert in der Anschaffung, können aber nur in den vorgegebenen Abständen größer oder kleiner gesteckt werden. Zudem läßt sich nicht der gesamte Rand des Werkstücks gestalten.
Spannrahmen erhält man im Fachhandel in verschiedenen Größen.

Bei Rahmen, die mit einer Laufschiene versehen sind, kann man die Größe stufenlos regulieren. Bei dem Modell mit vier gleich hohen Schenkeln läßt sich die Seide besser aufspannen. Die Anschaffung dieses vielseitig einsetzbaren Rahmens ist auf längere Sicht lohnenswert.

Spannadeln

Spannhilfen dienen zum Befestigen der Seide auf dem Rahmen.
Dreizackstifte halten die Seide gut fest, *Pinnadeln* hinterlassen keine Löcher in der Seide und sind daher für Tücher geeignet. *Spannkrallen* werden mit Gummibändern am Rahmen befestigt. Sie erübrigen ein Nachspannen der Seide und sind daher für selbstgebaute Rahmen besonders geeignet.

Seidenmalfarben

Die von verschiedenen Herstellern angebotenen Seidenmalfarben unterscheiden sich im wesentlichen in der Art ihrer späteren Fixierung. Alle Seidenmalfarben müssen durch eine entsprechende Nachbehandlung im Stoff fixiert werden, erst dann sind die Farbpigmente beständig mit dem Stoff verbunden.

Seidenmalfarben sind innerhalb einer Produktlinie mischbar. Es genügt daher zunächst die Anschaffung der Grundfarben.
Bügelfixierbare Farben sind einfacher in der Handhabung. Sie werden mit Wasser verdünnt und nach dem Trocknen mit dem Bügeleisen fixiert. Empfehlenswert sind bügelfixierbare Natur-Textilmalfarben für Baumwolle, Seide und andere Naturtextilien. Ihre Farben sind durchaus reizvoll, jedoch etwas gedeckter als die von herkömmlichen Farbprodukten. Sie sollten bald nach dem Öffnen verbraucht werden, da diese Farben keine synthetischen Konservierer enthalten.
Dampffixierbare Farben zeichnen sich durch eine starke Leuchtkraft aus. Nach dem Fixieren erhalten sie eine besondere Brillanz.
Grundsätzlich sind bügelfixierbare Farben für die Seidenmalerei mit Kindern besser geeignet, da das aufwendige Fixierverfahren entfällt.

Pinsel und Gefäße

Für die Seidenmalerei sind Naturhaarpinsel mit fein auslaufender Spitze am besten geeignet. Als Grundregel gilt: je kleiner das Muster, desto feiner der Pinsel. Bei sehr großen

Mit unterschiedlichen Hilfsmitteln, wie
Trennmittel oder Salz, lassen sich auf der Seide
Farben und Farbverlauf beeinflussen und ein-
drucksvolle Motive und Muster gestalten.

Farbflächen arbeitet man mit einem Flächenstreicher, der vorne gerade abgeschnitten ist. Ideal, vor allem für die Gruppenarbeit, ist pro Farbe ein Pinsel in der benötigten Stärke.

Weiteres Zubehör

Gläser mit Deckel zum Anmischen der Farben; Flaschendrehdeckel, kleine Dosen von Pröbchen oder Filmdosen für kleine Farbmengen; Spülmittel, Schwamm; alte Stofflappen, Haushaltspapier oder Wattestäbchen, Paketklebeband, Zeitungspapier, Bügeleisen, Malkittel
zum Fixieren: Bügeleisen

◆ *TIP: Mit etwas Geschick kann man sich feste, in der Größe nicht verstellbare Rahmen auch leicht selbst bauen; dazu weiches Holz benutzen. Um kleinere Werkstücke zu bemalen, genügt oft schon ein alter Bilderrahmen.*

Grundtechnik

Den Arbeitsplatz großzügig mit Zeitungen abdecken. Um mögliche Appretur in der Seide zu entfernen, den Stoff in lauwarmem Wasser mit Feinwaschmittel waschen, gut ausspülen und anschließend die feuchte Seide trockenbügeln.

Spannen der Seide

Wenn mit Dreizackstiften oder Pinnnadeln gearbeitet wird, sollte man den Rahmen vorher mit Paketklebeband abkleben. Sonst dringt die aufgetragene Farbe durch die aufliegende Seide in das Holz des Rahmens ein und könnte dann auf eine spätere Arbeit abfärben. Bei Spannkrallen ist ein Abkleben nicht nötig. Die Seide mit den jeweiligen Spannnadeln straff aufspannen. Den Stoff zunächst an den Ecken befestigen, dann zwei gegenüberliegende Seiten spannen. Der Abstand zwischen den Spannadeln sollte nicht größer als 4 cm sein.

Anrühren der Farben

Die Farben nach Anleitung des Herstellers mit Wasser verdünnen und in Gläser, Schalen oder Deckel fül-

len. Je mehr Wasser hinzugefügt wird, desto heller wird der Farbton. Damit ausreichend viele Farbabstufungen zur Verfügung stehen, ist es empfehlenswert, pro Farbe drei Farbtöne herzustellen: stark (eventuell Originalfarbton), mittel (1 Teil Farbe, 1 Teil Wasser), schwach (1 Teil Farbe, 3 Teile Wasser).

Farbmischungen sollten über die Verwendung von zwei Farbtönen (und zusätzliches Schwarz zum Abdunkeln) nicht hinausgehen. Da man eine Mischung kaum in genau dem gleichen Farbton wiederholen kann, ist es wichtig, stets ausreichende Farbmengen anzusetzen.

Malen auf Seide

Gemalt werden kann auf trockener oder feuchter Seide. Auf trockener Seide entstehen intensive Farbtöne, allerdings trocknet die Farbe rasch und bildet dann dunkle Ränder. Für weiche Farbübergänge muß daher zügig oder auf feuchter Seide gearbeitet werden.
Vor dem Bemalen die Seide mit einem Pinsel oder Schwamm mit Wasser einstreichen und anschließend, falls nötig, nachspannen. Beim Farb-

auftrag er tstehen fließende Farbverläufe und gleichmäßige Flächen ohne Streifen oder Trockenränder. Allgemein gilt: Zügig arbeiten, bevor Seide und aufgetragene Farbe trocknen.

Zu hell geratene Farben lassen sich übermale n. Die Seidenfaser kann bis zur Sättigung aber nur begrenzt Farbe aufnehmen. Zu dunkle Töne kann man mit Wasser überstreichen, bis sich die Farbpigmente wieder lösen. Anschließend mit Küchenpapier oder Stofflappen etwas Farbe abtupfen.

Das fertig bemalte Werkstück auf dem Rahmen trocknen lassen. Dann die Spanr adeln entfernen und den Rahmen abwischen. Nach dem Trocknen sind die Farben sehr viel heller im Erscheinungsbild.

Der Pinse. muß nach dem Malen sorgfältig mit Wasser ausgespült werden. Am besten mit Seife aufschäumer, klarspülen und im Stofflappen ausdrücken. Den Pinsel nie in der Farbe stehenlassen, da die Farbe im Pinselschaft hochzieht. Er läßt sich dann nur schwer reinigen und die feine Spitze wird verbogen. Daher den Pinsel stets umgedreht in einen eigenen Behälter stellen oder auf Zeitungspapier ablegen. Seidenmalfarben lassen sich in gut verschlossenen Gefäßen längere Zeit aufbewahren. Vor dem erneuten Gebrauch empfiehlt es sich jedoch, eine Farbprobe zu machen.

Fixieren

Mit noch nicht fixierten Arbeiten sollte man stets vorsichtig umgehen. Jeder Wassertropfen, jede feuchte Berührung hinterläßt einen Fleck. Daher die bemalte Seide nach Anweisung des Herstellers nachbehandeln.

Bügelfixierung: Das fertige Werkstück nach dem Trocknen mit einem möglichst heißen Bügeleisen, Einstellung "Baumwolle/Leinen", bügeln. Die Einstellung "Seide" genügt nicht. Keine Angst, die bemalte Seide verträgt diese Hitze. Nach dem Fixieren kann man die Seidenarbeiten lauwarm mit Feinwaschmittel waschen. Etwas Essig im Wasser erhöht den Farbglanz. Allerdings wäscht das Wasser die überschüssigen Farbpigmente heraus und die Arbeiten verlieren etwas an Farbintensität. Daher wird bemalte Seide, die später für ein Bild verwendet wird, meist nicht ausgewaschen.

Dampffixierung: Dampffixierbare Farben können in kleinen Mengen *nach entsprechender Vorbereitung* im Dampfkochtopf fixiert werden. Auch Hobbygeschäfte bieten Fixierdienste an.

123

Konturentechnik

Viele Seidenmaltechniken, wie die Konturentechnik, sind zeitaufwendig und erfordern künstlerisches und handwerkliches Geschick. Daher ist es sinnvoll, wenn zwei Kinder an einem größeren Werkstück zusammenarbeiten.

 ALTER *ab 10 Jahren*

DAUER *ab 1 Stunde (ohne Aufspannen)*

MATERIAL & WERKZEUG *siehe Seite 120 und 121, zusätzlich: Konturenmittel, weicher Bleistift, schwarzer Filzstift, Konzeptpapier, Liner (Pipettenflasche) und Metallaufsteckfedern in verschiedenen Größen zum Auftragen des Konturenmittels*

◆ *TIP: Mit den Kindern das Auftragen der Trennlinien zuvor auf einem Probestück üben.*

Bei dieser Technik der Seidenmalerei werden Motive und Farbflächen durch Konturlinien mit einem Trennmittel voneinander abgegrenzt. Dieses Verfahren wird daher auch Trennmitteltechnik oder Guttatechnik genannt.

Konturenmittel (Trennmittel)

Aus ökologischen Gründen sind wasserlösliche Konturenmittel (transparent oder farbig) empfehlenswert. Diese lassen sich nach dem Fixieren mit Wasser herauswaschen, bei transparentem Konturenmittel bleibt eine helle Linie zurück. Dieses Konturenmittel kann mit Seidenmalfarben eingefärbt werden. Es wird dabei aber sehr dünnflüssig und ist deswegen, je nach Anwendungsbereich, nur bedingt einsetzbar.

Motivvorlage

Vorlagen für Motive gibt es im Fachhandel, man kann sie aber auch selbst auf einem Blatt Papier entwerfen. Damit das Motiv durch die Seide hindurch gut zu erkennen ist, mit einem dicken Filzstift zeichnen. Auf geschlossene Formen achten, sonst läuft später die Farbe aus.

Entwurf und Auftragen des Motivs

Das gewünschte Motiv auf die vorgewaschene Seide auftragen. Jede Farbe wird von der nächsten durch eine mit Trennmittel gezogene Linie abgegrenzt, so daß die Farben nicht weiter verlaufen können. Die Linien an sich sind Gestaltungsmittel des Motivs. Man kann dabei frei und ohne Vorgaben arbeiten, aber auch mit selbst entworfenen oder gekauften Vorlagen (keine Pinnadeln, sondern Dreizackstifte benutzen). Die Vor-

lage unter den bespannten und umgedrehten Rahmen legen, und das Motiv mit einem weichen Bleistift auf die Seide übertragen. Bei der Vorzeichnung nur leicht aufdrücken, da die Linien schwer auszuwaschen sind. Anschließend den Rahmen wieder wenden und zügig unter gleichmäßigem Druck die Trennlinien (Umrisse) mit dem Liner nachziehen. Als Rechtshänder sollte man von links nach rechts arbeiten, um nichts zu verwischen. Beim Ziehen der Linien nicht zu häufig absetzen! An jeder neuen Ansatzstelle entstehen Verdickungen.
Die Trennlinien gut trocknen lassen. Die Linien nun sorgfältig kontrollieren: Noch offene Stellen schließen und evtl. schwache Linien nachziehen, denn jede noch so kleine Lücke führt zu Farbvermischungen. Danach erneut trocknen lassen.

Ausmalen des Motivs

Die abgegrenzten Felder können jetzt mit den gewünschten Farben ausgemalt werden. Es ist ratsam, zunächst mit kleinen Farbflächen zu beginnen. Dabei am besten von einer Ecke ausgehend arbeiten und die Fläche zügig ausmalen. Die Trennlinien dürfen nicht mit Farbe übermalt werden.
Sollte einmal die Farbe über eine Trennlinien hinausfließen, die Lücke mit dem Konturenmittel schließen. Die ausgelaufene Farbe mit Wasser aufhellen und mit Papier oder einem Stofflappen auftupfen. Das Trennmittel trocknen lassen.

Nachbehandlung

Anschließend die Seide wie unter "Grundtechnik", Seite 123 beschrieben, bügelfixieren.

Nach dem Fixieren die Trennmittellinien aus der Seide entfernen. Bei wasserlöslichen Mitteln die Seide unter fließendem Wasser zügig auswaschen. Dabei läuft zunächst überschüssige Farbe heraus. Die Trennlinien werden gelatineartig weich, dick aufgetragene Linien müssen vorsichtig herausgerieben werden. Bei späteren Waschgängen kann man die Seide dann auch mit Feinwaschmittel in lauwarmem Wasser auswaschen.
Zum Trocknen wird die Seide an zwei Ecken aufgehängt.

Salztechnik

**Mit der Salztechnik werden Muster,
die meist dem Zufall überlassen sind, gestaltet.
Sie eignet sich zum Experimentieren.**

ALTER *ab 10 Jahren*

DAUER *ab 30 Minuten (ohne Aufspannen)*

MATERIAL & WERKZEUG *siehe Seite 120 und 121, zusätzlich: trockenes Salz (Küchensalz, grob und fein, kein Jodsalz!) oder Effektsalz aus dem Hobbygeschäft (grob- oder feinkörnig)*

◆ *TIP: Das Salz darf erst entfernt werden, wenn die Seide vollständig getrocknet ist. Nasse Salzkörner hinterlassen beim Abstreifen Farbspuren.*

Die Salztechnik bietet schöne Überraschungseffekte. "Mißlungene Farbmischungen" lassen sich hier gut verwerten, da durch die Reaktion der Farbe mit den Salzkörnern neue Farbschattierungen entstehen.

Grundieren

Die Seide waschen und auf einen Rahmen spannen , siehe "Grundtechnik", Seite 122. Mit einer oder mit mehreren ineinanderlaufenden Farben wird die Seide grundiert. Der Stoff sollte gut feucht, aber nicht tropfnaß sein. Besonders wirkungsvolle Ergebnisse erzielt man mit gemischten, dunklen Farbtönen.

Salzauftrag

Das Salz auf die feuchte Seide aufstreuen, bei sehr grobem Salz (z.B. Hagelsalz) die Körner einzeln auflegen. Jedes Körnchen beginnt dann, das Wasser aus der Seide zu ziehen, die Farbpigmente sammeln sich konzentriert bei dem Salzkristall. So entstehen während des Trocknens schöne, überraschende Mustereffekte.
Wer langsam arbeitet, sollte das Salz schon während des Bemalens aufstreuen, auf zu trockener Seide gelingen keine Salzeffekte mehr.
Am besten arbeitet man zu zweit! Es ist wichtig, das Salz nicht als Häufchen auf der Seide zu verteilen, da nur die Reaktion der einzelnen Körner die Musterung erzeugt. Auch sollte das Salz sparsam verwendet werden, nur so ergeben sich schöne, deutliche Muster.
Man kann die Salztechnik auch gezielt einsetzen, als Gestaltungsmittel für einen See oder Sand, für Kiesel und vieles mehr.

Nachbehandlung

Nach dem Trocknen das Salz entfernen und die Seide, wie auf Seite 123 beschrieben, fixieren.

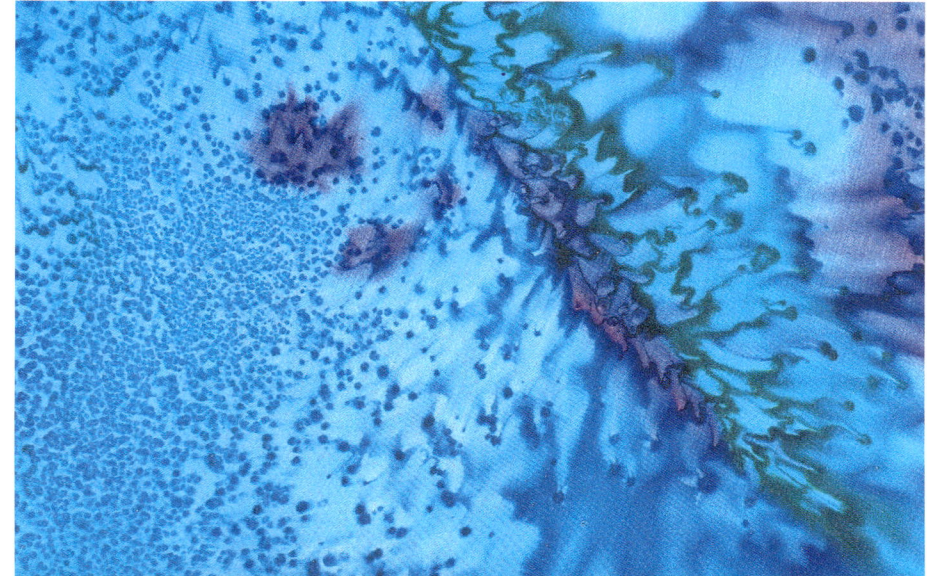

Aquarelltechnik

**Beim Aquarellieren arbeitet man mit dem flüssigen
Verlauf der Farbe auf der Seide.
Dieser kann verstärkt oder auch gestoppt werden.
Bei der Aquarelltechnik wird ohne Trennmittel gemalt.**

 **ALTER** ab 10 Jahren

DAUER ab 30 Minuten (ohne Aufspannen)

 **MATERIAL & WERKZEUG** siehe Seite 120 und 121,
zusätzlich: Aquarell-
pinsel, evtl. Fön

Naß-an-Naß-Technik

Zunächst die Seide waschen und auf
den Rahmen spannen, Seite 122.
Der Farbauftrag erfolgt auf trockener Seide. Zügiges Arbeiten ist bei
dieser Technik erforderlich. Man
sollte daher schon vorher die
Gestaltung, die Farbwahl und die
Pinselführung geplant haben. Die
Farben feucht aneinandersetzen, so
entstehen weiche Übergänge. Für
den Anfang kann man breite Farb-
streifen wie einen Regenbogen
nebeneinander auftragen und die
Farbübergänge ineinanderfließen
lassen: Am besten hält man für
jede Farbe einen Pinsel bereit.
Somit wird die Zeit, die das Auswaschen erfordert gespart. Es entstehen keine Verzögerungen beim
Farbauftrag.
Wird der Pinsel jedoch ausgewaschen, ist folgendes zu beachten:
Da er viel Wasser hält und die neue
Farbe zu stark verdünnen könnte,
den Pinsel nach der Reinigung mit
einem Tuch gut abtrocknen.
Diese Technik eignet sich weniger
für die Darstellung von gegen-
ständlichen Motiven.

Naß-auf-Naß-Technik

Hier wird mit dem Pinsel auf die feuchte, nach Wunsch mit einer hellen Farbe grundierte Seide gemalt. Mit dieser Technik lassen sich sanft auslaufende Motive in zarten, duftigen Farbtönen malen. Wenn die aufgetragenen Farben zu stark fließen, können sie mit einem Fön gestoppt werden. Rasches Arbeiten ist erforderlich, damit die Seide nicht vor Abschluß des Malens trocknet.

Auf die getrocknete Seide können anschließend feine Details oder Motive, die nicht verlaufen sollen, aufgemalt werden. Dazu verwendet man am besten stark eingedickte oder angetrocknete Farbe und einen sehr dünnen Pinsel.

Kombinierte Techniken

Dieses Beispiel zeigt, daß sich die verschiedenen Techniken auch kombinieren lassen. Hier wurde die Seide in der Aquarelltechnik "Naß-auf-Naß", Seite 127 und Salztechnik gestaltet.

Nachbehandlung

Abschließend die Seide wie unter "Grundtechnik", Seite 123 beschrieben, fixieren.

Weiterführende Ideen

◆ NASS-AUF-TROCKEN-TECHNIK: Wer sich intensiver mit dem Aquarellieren auf Seide beschäftigen möchte, kann das Malen von frei aufgetragenen Motiven auf trockener Seide versuchen. Hier fließen die Farben noch stärker als auf der nassen Seide, zur Gestaltung muß der Fön als Stopper eingesetzt werden. Mit angetrockneter Farbe können Einzelheiten wie Äste, Gräser, aber auch Konturen aufgetragen werden. Bei dieser Technik ist es recht schwierig, nach vorgezeichneten Skizzen zu malen. Viel Konzentration und Können sind erforderlich, um gerade das richtige Maß an Farbe aufzutragen.

◆ DIE GESTALTUNG VON SCHMUCK UND DEKORATIONEN: Mit kleinen Reststücken von aquarellierter Seide lassen sich besonders hübsche Broschen, Grußkarten oder Haarschmuck gestalten. Auch bei weniger gelungenen Arbeiten und Probeläppchen finden sich schöne Ausschnitte, die für die Weiterverarbeitung geeignet sind.

Grundtechniken

Batik

Batik

**Die kunsthandwerkliche Tradition der Batik stammt aus Südostasien.
Die Stoffe werden eingefärbt und die Motive entstehen durch verschiedene Reservierungsverfahren.**

*Beim Batiken lassen sich durch Färben Muster erzielen. Teile des Stoffs werden so vorbereitet, daß sie keine Farbe aufnehmen, z.B. durch Wachs oder durch Abbinden. Batiken beinhaltet in der Regel mehrere Färbegänge. Während "normale" Stoffarbe gleich beim ersten Färbegang die Textilfasern absättigt, kommen beim Batiken spezielle Farbstoffe, die es ermöglichen, daß mehrere Färbevorgänge hintereinander stattfinden können, zum Einsatz. Es handelt sich um sogenannte Direktfarbstoffe. Sie werden mit Salz und teilweise Essig in Wasser gelöst und ziehen direkt, d.h. ohne weitere Vorbehandlung auf die Faser. Verwendet werden u.a. Säurefarbstoffe. Da diese gut mit Eiweiß reagieren, müssen bei ihrem Umgang Haut-, Augen- und Haarkontakt vermieden werden. In Einzelfällen können allergische Reaktionen auftreten. Die herkömmlichen Farben sind nicht schadstoffgeprüft, ausgewiesenermaßen sind sie "kein Kinderspielzeug".
Da uns im Moment keine empfeh-*

*lenswerte Alternative bekannt ist, raten wir zu vorsichtigem Umgang. Der Fachhandel bietet Batikfarben in vielen brillanten Tönen an. Sie sind zudem meist lichtecht und waschfest. Deshalb ist eine Nachbehandlung mit speziellen Fixiermitteln überflüssig.
Grundsätzlich bestimmen Konzentration der Farbe, Temperatur, der Farbflotte und Färbedauer die Intensität der Färbung. Da sich beim Batiken der Stoff lose im Farbbad befinden sollte, sind im Verhältnis zu anderen Färbetechniken von vornherein größere Farbmengen erforderlich. Um die Färbekraft auszunützen, sollten gleich mehrere Stücke für das jeweilige Farbbad eingeplant werden. Bei den Färbungen wird zudem der Großteil der Farbpigmente aufgebraucht, d.h. die meisten Farbmoleküle haften dann im Gewebe und kommen nicht ins Abwasser. Textilfarbstoffe können nur unter großem Sauerstoffverbrauch abgebaut werden. Nicht aufgebrauchte Farblösungen können aufbewahrt und erneut eingesetzt werden.*

Material und Werkzeug

Stoffe

Zum Batiken kann man alle weißen oder hellen Stoffe aus Naturfaser verwenden, am besten eignet sich locker gewebte Baumwolle. Bettlaken und T-Shirts lassen sich sehr gut batiken. Nicht geeignet sind Stoffe aus Kunstfasern. Dicht gewebte Stoffe nehmen intensivere Farbtöne an, dafür besteht die Gefahr, daß die Farbe den Stoff nicht ganz durchdringt.

Batikfarben

Um die Stoffe einzufärben, benötigt man spezielle Batikfarben. Eine hohe Leuchtkraft und Farbintensität besitzen die lichtechten Batikfarben, die mit heißem Wasser zubereitet werden und untereinander mischbar sind.
Für die Wachsbatik besonders geeignet sind Textil-Kaltfarben, da sie das aufgetragene Wachs nicht zum Schmelzen bringen. Alle anderen Batikfarben müssen für die Wachsbatik auf mindestens 50°C abkühlen. Auch diese Farben sind untereinander mischbar.

**Das Batiken bietet sich an,
um Kindern einen ersten Einblick in die Farblehre
zu geben und mit Farben zu experimentieren.**

Fixieren

Die Batikfarben werden mit Essig fixiert. Die Stoffe sind dann bis 30°C waschbar.

Weiteres Zubehör

Pro Farbe ein alter Kochtopf (kein Metall), pro Farbe ein alter Eßlöffel zum Umrühren und ca. 1 EL Kochsalz, Topflappen, Essig, Schere, eventuell Gläser mit Schraubdeckel, Zeitungen zum Abdecken, Gummihandschuhe, Malkittel, möglichst fließendes Wasser und ein Waschbecken am Arbeitsplatz

Grundtechnik

Vorbereitung

Den Arbeitsplatz und den Weg zum Waschbecken vollständig mit Zeitungspapier abdecken. Besonders gut arbeitet man auf dem Fußboden, sofern er nicht mit Teppich ausgelegt ist.

Vorbereitung des Stoffes

Um Appretur oder Stärkemittel zu entfernen, werden die Stoffe in einer milden Seifenlauge gründlich ausgewaschen und mit klarem Wasser nachgespült.

Anrühren der Farben

Die Batikfarben nach Anleitung des Herstellers anrühren. Am besten setzt man das Farbbad in einem alten Kochtopf an, der nicht mehr zum Kochen verwendet wird. Für kleine Mengen eignen sich auch Konservendosen. Meist benötigt man zum Anrühren etwas Salz, Essig und 2 bis 3 Liter kochendes Wasser. Mit einem alten Eßlöffel umrühren, bis alle Farbteilchen aufgelöst sind. Anschließend die Farbe in eine Wanne abgießen, den Kochtopf ausspülen und die nächste Farbe vorbereiten. Da die Intensität der Farbe von der Temperatur des Wassers abhängt, können sie bei Bedarf nochmals erhitzt werden. Bei der Wahl des Farbgefäßes die Größe des Stoffes berücksichtigen. Er sollte möglichst frei schwimmen.

Färben

Vor dem Batiken sollte an einem Probelappen getestet werden, wie Farbe und Stoff reagieren. Die Farbtiefe wird durch die Konzentration der Farbe, die Temperatur und die Dauer des Farbbades bestimmt. Je länger der Stoff in der Farbe liegt, desto dunkler wird sein Farbton. Die Färbezeit beträgt zwischen 5 und 30 Minuten. Um eine gleichmäßige Färbung zu erhalten, wird der Stoff im Farbbad ständig bewegt. Dicke Stoffe nehmen einen intensiveren Farbton an als dünne. Sind die Farben zu blaß, ist möglicherweise das Farbbad zu kalt. Oder die Farbpigmente sind bereits verbraucht, wenn zuvor viel Stoff in derselben Farbe eingefärbt wurde.

Arbeitet man mit mehreren Färbegängen, stets darauf achten, daß die Farben nicht verschmutzen. Nach jedem Farbbad den Stoff waschen, bis keine Farbe mehr austritt.

Nachbehandlung

Nach dem Färben die Reservierungen entfernen und den Stoff noch einmal gut ausspülen. Dem letzten Spülgang etwas Essig zufügen. Die gefärbten Stoffe nicht über eine Leine hängen, es könnten helle Stellen entstehen. Am besten die Stoffe zum Trocknen auslegen oder an den Rändern mit Kunststoffklammern aufhängen. Angerührte Batikfarben können in verschließbaren Glasgefäßen, wie Einmach- oder Gurkengläsern, einige Tage aufbewahrt werden.

Tauchbatik

Die Tauchbatik führt schnell zu schönen Ergebnissen und eignet sich auch für jüngere Kinder. Zunächst sollte mit kleinen Stoffstücken das Färben geübt werden.

ALTER *ab 6 Jahren*

DAUER *ca. 5 Minuten pro Werkstück, mit Vor- und Nachbereitung ab 60 Minuten*

MATERIAL & WERKZEUG *siehe Seite 132, zusätzlich: kleine Färbeschalen (statt Färbewannen)*

Anrühren der Farbe

Den Stoff waschen und die Farben anrühren, siehe Seite 133. Bei der Tauchbatik werden die Farben etwas konzentrierter verwendet, daher mit weniger Wasser anrühren. Für jede Farbe eine eigene Schale bereitstellen, sie sollte für das Tauchbad der Stoffe groß genug sein.

Färben

Das Stoffstück mit den Kanten kurz in das Farbbad halten. Der Stoff saugt die Farbe auf, die Flüssigkeit verliert beim Aufsteigen an Farbpigmenten, so daß die Farbe immer blasser wird. Taucht man jede Kante eines Stoffstückes in das Farbbad, erhält man einen dekorativen Farbrand. Wer schon etwas Übung hat, kann jede Kante in eine andere Farbe tauchen. So können beispielsweise aparte Servietten gefärbt werden.

In den Ecken überlagern sich die Farben. Nach jedem Tauchgang an das Ausspülen denken. Interessante Farbeffekte erzielt man auch durch bestimmte Faltungen des Stoffes. Abhängig von der Richtung und Häufigkeit des Faltens zieht die Batikfarbe von den Faltkanten aus im Stoff hoch. Für das Bildbeispiel wurde ein Stoffzipfel zuerst lange in Gelb, anschließend kurz in Blau getaucht.

Nachbehandlung

Abschließend werden die gefärbten Stoffe fixiert, siehe Seite 133.

Reservierungstechniken

Durch Abbinden oder durch Auftragen von Wachs werden Teile des Stoffes stellenweise abgedeckt. Diese Bereiche nehmen beim Farbbad keine Farbe an. Man nennt diesen Vorgang "Reservieren".

ALTER _ab 8 Jahren_

DAUER _ca. 10 Minuten pro Werkstück, mit Vor- und Nachbereitung ab 90 Minuten_

MATERIAL & WERKZEUG _siehe Seite 132, zusätzlich: Schnur zum Abbinden: Paketschnur, Näh- oder Häkelgarn, feste Baumwolle (Topflappenwolle, aber keine Schurwolle), Gummibänder; Glasmurmeln, Steine, Tischtennisbälle o.ä. für Blütenmuster_

◆ _**TIP:** Zum Abbinden eignen sich besonders gut handelsübliche Gummibänder, die sich mehrmals verwenden lassen._

Wickelbatik

Diese Methode, auch Abbindetechnik oder Plangi genannt, ist sehr einfach. Trotzdem lassen sich raffinierte Muster erzielen.
Den Stoff waschen und die Farben anrühren, siehe Seite 133. Vor dem Batiken sollte man den Stoff etwas anfeuchten. Dadurch nimmt er die Farbe leichter und gleichmäßiger auf.

Kreisförmige Muster
Den Stoff an einem Zipfel hochnehmen und mit der Schnur an einer Stelle fest umwickeln. Dort kann beim Färben keine Farbe in das Gewebe eindringen. Jede Umwicklung ergibt einen Kreis. Besonders reizvoll wirkt das Muster, wenn man mehrere Fadenringe untereinander wickelt, so daß sich mehrere "Kreise im Kreis" bilden. Dazu den Stoff in der Mitte hochnehmen und von oben nach unten ringförmig umwickeln. Am besten arbeitet man hier zu zweit. Entsprechend der Faltenlegung vor dem Umwickeln entstehen strahlenförmige Aussparungen. Für ein Muster aus mehreren nebeneinanderliegenden Kreisen werden viele kleine Stoffzipfel abgebunden. Allgemein gilt: Je mehr Stoffschichten umwickelt werden, desto schwieriger ist das Färben. Bei dicken Stoffrollen dringt nur noch wenig Farbe zu den inneren Lagen vor, so daß dort keine schönen Färbungen mehr entstehen können.
Wenn die Kreise nicht gelingen, wurde möglicherweise der Stoff zu fest abgewickelt. Oder er ist besonders fest gewebt und läßt zu wenig Farbe durchdringen.

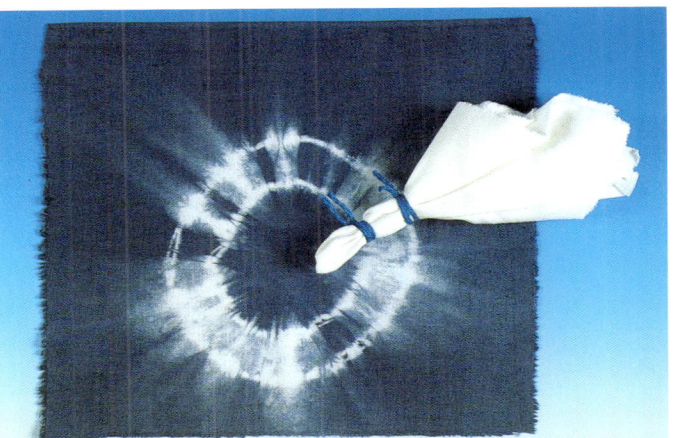

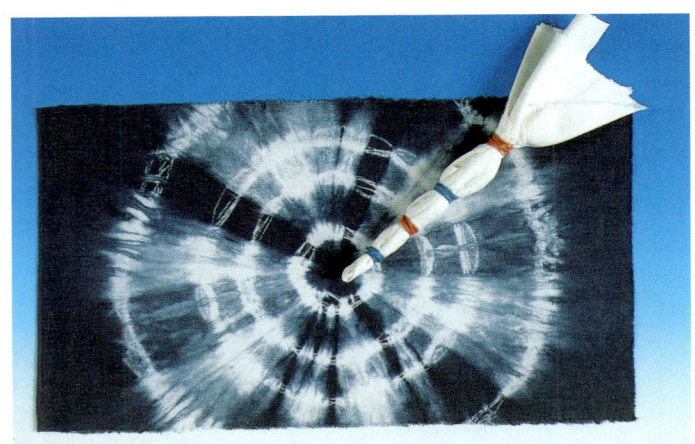

Blütenmuster

Werden runde kleine Gegenstände im Stoff abgebunden, entstehen blütenähnliche Motive, siehe Abb. oben und Mitte. Man kann dafür Glasmurmeln, Steine oder alte Tischtennisbälle verwenden. Wie von Blüten übersät wirkt der Stoff, wenn mehrere Kugeln nebeneinander abgebunden werden. Wer Übung hat, kann jede im Stoff abgebundenen Kugel vorsichtig in eine andere Farbe tauchen. Die verschiedenfarbigen Blüten ergeben ein raffiniertes Muster.

Lineare Muster

Um Linien zu batiken, wird der Stoff der Länge nach in mehreren Schichten zusammengefaltet und mehrfach abgebunden, siehe Abb. unten. Man kann in der Ziehharmonikatechnik falten und anschließend den Stoff an mehreren Stellen fest umwickeln. Es entsteht ein gleichmäßiges Muster mit Längsstreifen. Wird "kreuz und quer" gefaltet, ergeben sich Überraschungsmuster. Das macht Kindern besonders Spaß.

Färben

Bei der Wickelbatik kann der Stoff in einem Farbbad oder in verschiedenen Farbgängen eingefärbt werden. Für das erste Färben wird die hellste Farbe gewählt. Nach jedem Tauchbad zusätzlich zu den schon vorhandenen Wicklungen den Stoff an verschiedenen Stellen erneut abbinden. Wichtig: Keinesfalls die bereits bestehenden Fäden oder Schnüre entfernen!

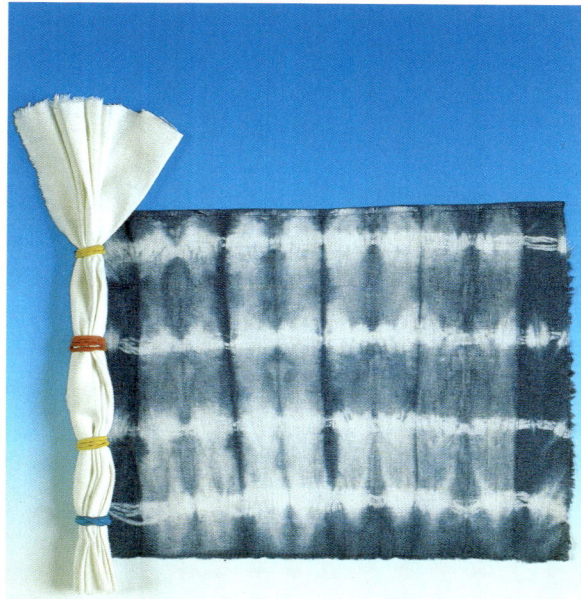

Nachbehandlung

Den Stoff abschließend wie auf Seite 133 beschrieben fixieren.

Wachsbatik

Durch das Reservieren mit flüssigem Wachs werden bei dieser Technik Flächen vor dem Einfärben geschützt. Schon ein Muster aus Wachstropfen ist wirkungsvoll, man kann aber auch gezielt Motive auf den Stoff zeichnen.

ALTER *ab 9 Jahren*

DAUER *ab 20 Minuten pro Werkstück, mit Vor- und Nachbereitung: zusätzlich 30 bis 40 Minuten*

MATERIAL & WERKZEUG *siehe Seite 132, zusätzlich: Batikkaltfarbe oder übliche Batikfarbe; weiße Wachsreste (z.B. Haushaltskerzen, farbiges Wachs färbt auf den Stoff ab!) oder Batikwachs, elektrischer Herd oder elektrische Wärmeplatte, kleiner Kochtopf oder Konservendose, Topflappen, Borstenpinsel (Naturhaar), Batikrahmen (siehe "Seidenmalerei", Seite 121), für kleinere Werkstücke: selbstgefertigter Papprahmen (z.B. ein Schuhkarton, dazu Schere, Bleistift, Lineal), Reißzwecken oder Nadeln, weicher Bleistift, Bügeleisen, alte Zeitungen, Wachskerzen, Streichhölzer*

Herstellung eines Papprahmens

Der Papprahmen kann alternativ zu einem Batik- oder Seidenmalrahmen verwendet werden.
Einen Schuhkarton umdrehen und auf dem Boden der Schachtel mit einem Lineal rundum einen 2 cm breiten Rand einzeichnen. Das innere Rechteck sorgfältig ausschneiden.

Anrühren der Farben und Spannen des Stoffes

Den Stoff waschen und die Farben anrühren, siehe Seite. 133. Wenn man keine Kaltfarben verwendet, müssen die mit kochendem Wasser angerührten Farben auf etwa 50ºC abkühlen. Damit das aufgetragene Wachs nicht auf der Arbeitsfläche festklebt, wird der Stoff auf einen Batik-Holzrahmen aus dem Fachhandel oder einen Papprahmen gespannt. Den Stoff mit Nadeln oder Reißzwecken auf dem Rahmen befestigen. Für den Papprahmen Reißzwecken verwendet.

Ob die Tauchbatik oder Reservierungstechniken angewendet werden – der Überraschungseffekt begeistert die Kinder immer wieder, da das Ergebnis oft nicht im Detail geplant werden kann.

Tropfmuster

Auftropfen des Wachses

Die Tropfbatik erfordert ein rasches Arbeiten. Die Ausführung des Musters sollte schon vor Beginn des Batikens geplant sein. Das Wachs wird mit der Kerze auf den gespannten Stoff aufgetropft. Dabei auf die Flamme achten! Es entstehen, je nach Größe der Wachstropfen, große und kleine Punkte. Unterbricht man das Auftropfen und hält die Kerze einen Moment gerade, sammelt sich zuviel Wachs an. Es muß vor dem Weiterarbeiten abgegossen werden, sonst entsteht auf dem Stoff ein dicker Klecks. Man kann den Batikrahmen auch schräg halten. Dadurch verläuft das Wachs und hinterläßt ein tropfenförmiges Muster.

Nach dem Auftropfen wird auf der Rückseite des Werkstücks kontrolliert, ob das Wachs überall den Stoff durchdrungen hat, sonst auf der Rückseite nochmals mit Wachs beträufeln.

Färben

Anschließend das Wachs erkalten lassen, und das Werkstück in die Färbewanne legen. Vor einem erneuten Wachsauftrag muß der Stoff vollständig getrocknet sein.

Damit die Werkstücke zwischen den Färbegängen schneller trocknen, kann man sie in die Sonne legen oder auf der Heizung ausbreiten (mit Zeitungen als Unterlage). Die Trockenpausen lassen sich sinnvoll nutzen, wenn mehrere kleine Werkstücke gleichzeitig bearbeitet werden.

◆ *TIP: Vor Beginn der Arbeit sollte mit den Kindern über die möglichen Gefahren im Umgang mit Feuer gesprochen werden. Die Kerze nach dem Auftropfen gleich löschen!*

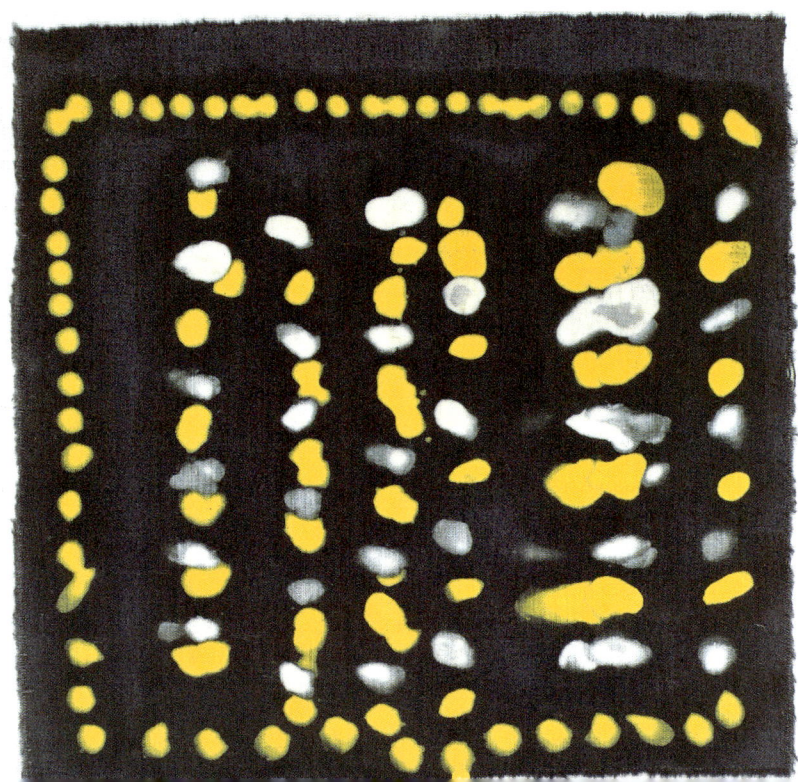

138

Wachszeichnung

Entwurf

Mit einem weichen Bleistift (ein harter hinterläßt sichtbare Spuren) das gewünschte Muster oder Motiv dünn auf dem Stoff vorzeichnen. Nicht zu viele Details einplanen. Anschließend das Werkstück auf den Rahmen spannen.

Schmelzen des Wachses

Das Wachs (Kerzen kleinschneiden oder reiben) im Wasserbad schmelzen. Dazu wird das Wachs in eine Konservendose gegeben und in einen mit Wasser gefüllten Topf gestellt. Den Topf erhitzen.

Während des Batikens muß das Wachs flüssig gehalten werden, entweder auf einer Wärmeplatte oder auf einem Stövchen. Darauf achten, daß kein Wachs am Topfrand herunterfließt und sich entzündet! Auch beim Warmhalten sollte das Wachs im Wasserbad bleiben. Bei zu heißem Wachs können Dämpfe entstehen. Daher den Arbeitsraum gut lüften und das Wachs zwischendurch von der Wärmequelle nehmen.

Wachsauftrag und Färben

Alle Stellen, die auf dem Stoff keine Farbe annehmen sollen, werden mit Wachs bedeckt. Mit dem Borstenpinsel das Wachs zügig auftragen. Es muß dabei bis auf die Rückseite dringen. Zu kaltes Wachs durchdringt das Gewebe nicht und deckt somit auch nicht vollständig ab. In diesem Fall muß von der Rückseite nachträglich korrigiert werden. Zu heißes Wachs verläuft hingegen zu schnell.

Zuerst alle Flächen bemalen die ungefärbt bleiben sollen, dann den Stoff ins Farbbad legen. Das Farbbad darf nicht heißer als max. 50°C sein, sonst schmilzt das aufgetragene Wachs. Der Stoff sollte in der Färbewanne genügend Platz haben, damit die Wachsfläche nicht zu stark bricht. Jeder Bruch wird später durch eine feine Farblinie sichtbar! Nach dem Trocknen die nächsten Flächen mit Wachs abdecken und den Stoff erneut färben. Wie bei der Wickelbatik genau auf die Reihenfolge der Farbbäder achten: Immer mit der hellsten Farbe beginnen und anschließend zu der dunkleren übergehen.

Entfernen des Wachses

Wenn der Stoff mehrfach eingefärbt und wieder trocken ist, wird das Wachs mit einem alten, sehr heißen Bügeleisen herausgebügelt.
Man legt den Stoff zwischen alte Zeitungen, die beim Bügeln das Wachs aufsaugen. Die Zeitungen während des Bügelns immer wieder wechseln, bis alle Wachsreste entfernt sind. Dicke Wachsstücke lassen sich auch schon vor dem Bügeln ablösen oder mit einem Messerrücken abschaben. Diese Wachsreste kann man natürlich wiederverwenden.

Nachbehandlung

Abschließend den Stoff, siehe Seite 133, fixieren.

◆ TIP: Wenn beim Bügeln durch das heiße Wachs Dämpfe entstehen, bei weit geöffnetem Fenster arbeiten.

Weiterführende Ideen

WACHSMALEREI MIT EINEM TJANTING:
Wenn man feinere Wachszeichnungen
für die Batik anfertigen will, sollte mit
einem Tjanting gearbeitet werden.
Mit diesem kleinen Batikkännchen an
einem Holzstab lassen sich mit etwas
Übung haarfeine Linien ziehen.

PAPIERBATIK (SIEHE ABB. S. 140):
Auch auf Papier kann gebatikt werden. Anstelle von Stoff wird ein
festes, saugfähiges Papier gewählt,
Japan-Simili-Fließpapier (ein Lösch-
papier) besitzt eine hohe Saugfä-
gigkeit und nimmt das Batikwachs
gut auf. Für die Papierbatik eignet
sich Batik-Kaltfarbe. Schöne Ergebnisse erzielt man mit der Tropfbatik.
Beim Färben muß mit dem Papier
sehr vorsichtig umgegangen werden,
da es leicht reißt. Es ist sicherer, die
Farbe mit einem Pinsel aufzutragen.
Das Papier muß vollständig trocken
sein, bevor ein erneuter Wachsauftrag erfolgen kann. Auswaschen
und Fixieren entfallen. Das Wachs
zwischen alten Zeitungen ausbü-
geln. Es läßt sich nicht wie bei Stoff
vollständig entfernen. Das ver-
bleibende Wachs verleiht dem Papier einen transparenten Charakter.

"BATIKEN" OHNE RISIKO (SIEHE ABB.): Will man ein Werkstück aus
Stoff oder Papier im "Batik ook"
anfertigen und die Risiken vermeiden, die bei den Färbegängen auftreten können, gibt es hierzu eine
Alternative. Mit dem Pinsel das gewünschte Motiv auftragen und abschließend das gesamte Werk mit
flüssigem Wachs überziehen. Das
getrocknete Wachs dann vorsichtig
und gezielt brechen und in eine dunkle Batikfarbe legen. Nach dem Aus-
bügeln wirkt das Werkstück durch die
gebrochenen Linien wie eine "echte"
Batikarbeit.

141

Bastelideen aus Restmaterial

Blechmarionette

Dosen, Kronkorken, Alufolie, Knöpfe und Blech sind zum Anfertigen dieser Marionette geeignet.

ALTER *ab 9 Jahren*

DAUER *ca. 2 x 1,5 Stunden*

MATERIAL & WERKZEUG  *1 große und 1 kleine leere Konservendose (dabei auf einen sauber geöffneten Dosenrand ohne scharfe Kanten achten!) ca. 50 Kronkorken, 5 Weinkorken Drähte, Wollreste oder Stahlwolle für die Haare, kurze Schraube mit Mutter, Metallreste aus der Werkzeugkiste (Schrauben, Muttern, Unterlegscheiben, Holzschrauben, Holzhaken u.ä.), starker Nylonfaden, starke Nähnadel, Dorn zum Stechen von Löchern und Hammer oder Dosenstecher, Schere, Küchenmesser, Filzstifte, Holzstöckchen oder dicke Streichhölzer ohne Kopf, altes Holzbrett, Rundstab oder beliebiger Stock (ca. 30 cm lang)*

◆ *TIP: Den Kindern wegen der Verletzungsgefahr den richtigen Umgang mit den Werkzeugen genau erklären.*

Vorbereitende Arbeiten

In die Mitte jedes Kronkorkens mit Hammer und Dorn oder mit dem Dosenstecher ein Loch bohren. Die Kronkorken dabei mit dem Rand nach oben auf ein Holzbrett legen. Den Dorn ansetzen und zuerst vorsichtig, dann fester mit dem Hammer daraufschlagen. Die Weinkorken mit dem Küchenmesser in etwa 2 cm breite Scheiben zerschneiden und jeweils in die Mitte ein Loch bohren.

Arme und Beine

Mit dem Dorn (ohne Hammer) zwei Löcher am oberen und zwei am unteren Rand der großen Dose zur Befestigung von Armen und Beinen bohren (Zeichnung).
Beim Weiterarbeiten muß die Öffnung der Dose nach unten, der Dosenboden nach oben zeigen. Vier Nylonfäden von ca. 30 cm Länge zurechtschneiden, jeweils an einem dicken Streichholz verknoten und an Öffnungen für Arme und Beine vom Inneren der Dose nach außen fädeln.
Für Arme und Beine mit einer starken Nähnadel Kronkorken und Weinkorkenstückchen auf die Nylonfäden auf-

ziehen, dabei für die Arme je 1 Weinkorkenstück, 10 Kronkorken, 1 Weinkorkenstück, 5 Kronkorken, 1 Weinkorkenstück nacheinander auffädeln, für die Beine je 1 Weinkorkenstück, 10 Kronkorken, 1 Weinkorkenstück. Den Faden jeweils um das letzte Weinkorkenstück schlingen und verknoten.
Für die Führungsfäden der Marionette in den Boden der Dose zwei Löcher bohren. Wie bei den Armen und Beinen hier zwei gleich lange Nylonfäden von ca. 50 bis 60 cm Länge zurechtschneiden, mit einem etwas stärkeren Hölzchen verknoten und vom Inneren der Dose nach außen fädeln.

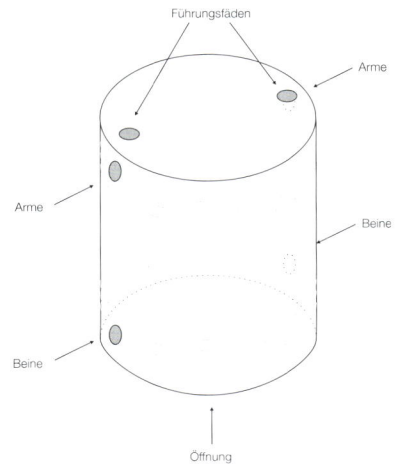

Anbringung und Ausgestaltung des Kopfes

Die kleine Dose (mit der Öffnung nach oben) wird der Kopf. In die Mitte des Bodens der großen Dose und des Bodens der kleinen Dose ein Loch für die Schraube bohren und diese mit der Mutter fest verschrauben. In die kleine Dose von innen als Nase eine Holzschraube festdrehen, darauf die Muttern stecken. Als Ohren eignen sich große Haken mit einem spitzen Gewinde (Holzhaken), die sich problemlos in die Dose bohren lassen. Die kleine Dose mit Stahlwolle, Draht oder Wolle füllen, dabei „Haare" oben herausschauen lassen. Mit den wasserfesten Filzstiften Mund und Augen aufmalen. Natürlich eignen sich dafür auch Metallteile wie Unterlegscheiben, die aufgeklebt werden!

Fertigstellung

Die Führungsfäden an einem Stock oder Rundstab befestigen, mit dem die Marionette bewegt wird.

◆ *TIP: Etwas freien Faden zwischen Armen bzw. Beinen und dem Körper lassen. Dadurch wird die Marionette beweglicher.*

Papiercollage

Papiercollagen können zu vielen verschiedenen Themen, auch zu aktuellen Ereignissen, angefertigt werden. Vorbereitung und Gestaltung lassen dabei Raum für entsprechende Gespräche mit den Kindern.

Papiercollagen spiegeln oft die persönliche Sichtweise der Kinder wider. Sie regen die Phantasie an und fordern ein konzentriertes und überlegtes Arbeiten.

ALTER *ab 6 Jahren*

DAUER *ab 30 Minuten*

 **MATERIAL & WERKZEUG** *viele Zeitschriften, Zeitungen, Kataloge, Prospekte, Poster-Schere, Klebstoff, 1 großer Bogen festes Papier (mindestens DIN-A4)*

Zu einem bestimmten Thema – vom Weihnachtswunschzettel über aktuelle Tagesereignisse — lassen sich Papiercollagen zusammenstellen. Aus Zeitungs- und Prospektmaterial werden einzelne Motive ausgesucht und ausgeschnitten. Die Einzelteile entweder auf einem unifarbenen Tonkarton oder einem größeren Hintergrundmotiv anordnen und festkleben.

Weiterführende Ideen

◆ AUSSTELLUNGEN: Zu einem aktuellen Thema Collagen erstellen. Sie werden in einem Zimmer oder Flur aufgehängt.

◆ VERWENDUNG VON RESTMATERIALIEN: Neben den Bildmotiven aus Papier andere Restmaterialien verwenden, wie z.B. Stoff oder Wolle.

◆ HERSTELLUNG VON SCHMUCKKARTEN: Einladungskarten oder Schmuckkarten für festliche Anlässe als Collagen gestalten und auf Tonpapier kleben.

Mobile

**Ein solches Mobile läßt sich gut in einer Gruppe basteln.
Wie immer beim Arbeiten mit Rest- und Abfallprodukten
sollte man mit den Kindern über die Themen Müll,
Müllvermeidung und Müllverwertung sprechen.**

ALTER *ab 8 Jahren*

DAUER *ca. 6 Stunden*

MATERIAL & WERKZEUG  *Restmaterialien wie Milchdosen, Kronkorken, Weinkorken, Wäscheklammern, große Nägel, alte Bonbons, Streichholzschachteln, Drahtring für Adventskränze (aus Gärtnereien, Bastelgeschäften), Abtönfarbe (Rot, Gelb, Blau), Pinsel, Dosenstecher, Schere, Nylonfaden, Streichhölzer ohne Kopf, alte Zeitungen*

Vorbereiten der Teile

Alle Teile und den Drahtring sorgfältig bemalen und auf ausgelegten Zeitungen gut trocknen lassen. An jedes Teil einen Nylonfaden anbringen bzw. verknoten. In die Mitte der Kronkorken mit dem Dosenstecher ein Loch bohren, durch dies den Nylonfaden ziehen. Milchdosen haben in der Regel schon Löcher. Es empfiehlt sich hier, den Faden um ein Streichholz ohne Kopf zu knoten und ihn durch das Loch in die Dose zu stecken. Das Hölzchen stellt sich quer und verhindert ein Herausrutschen des Fadens. Untereinanderhängende Kronkorken werden abwechselnd mit eingeknoteten Streichhölzern auf einen Faden aufgezogen.

Anbringen der Teile

Den Drahtring an vier Punkten mit je einem Nylonfaden versehen und aufhängen.
Dann die Nylonfäden der einzelnen Teile am Drahtring verknoten und dabei immer auf die Gewichtsverteilung achten. Teile mit ähnlichem Gewicht müssen gegenüber hängen. Das Mobile am Schluß über die jeweilige Fadenlänge und Position der einzelnen Teile ausbalancieren. In die Mitte eventuell ein besonders dekoratives Teil hängen, wie hier den bunt bemalten Pfeifenreiniger.

◆*TIP:* Zunächst überall lange Aufhängefäden anbringen. Die endgültige Fadenlänge erst ganz am Schluß festlegen.

Weiterführende Ideen

◆ GESTALTUNGSVARIATIONEN: Dieser Typ von Mobile ist wegen der stabilen Ringform sehr varierbar. Neben Restmaterialien können auch bunte Steine, kleine Stöcke, Salzteigkugeln oder Papierfiguren angehängt werden. Ein Thema wie „Unsere Ferien am Meer" oder „Herbst" kann zusammen in der Gruppe erarbeitet werden.

Fühlkasten

Die Auswahl der Werkmaterialien erfolgt bei dieser Arbeit nicht nach optischen, sondern rein nach haptischen Kriterien. Interessante Tasterlebnisse für Kinder.

 **ALTER** *ab 6 Jahren*

DAUER *ca. 2 Stunden (ohne Materialsammeln)*

MATERIAL & HILFSMITTEL *verschließbarer Karton (am besten mit Deckel); zum Füllen: diverse Materialien mit verschiedenartiger, gut erfühlbarer Oberfläche wie Muscheln, Steine, Holz, Stoff, Wolle, Schaumstoff, Plastik, Sand, Kies, getrocknete Blätter, Federn, Schmirgelpapier, u.ä.; Bonbon oder kleiner Schwamm und gelbe Farbe, Klebstoff, Deckfarbe, Schere, Küchenmesser*

Zuschneiden und Füllen des Kartons

In die Schmalseite des geöffneten Kartons eine Öffnung schneiden, durch das eine Hand paßt. Auf dem Kartonboden dann die unterschiedlichen Fühlobjekte fest ankleben. Lose Materialien wie Sand oder Kies in sehr flache, offene Schachteln legen. An einzelnen Stellen die Seitenwände des Kartons auskleiden, z.B. mit Schmirgelpapier oder Federn.

Bei der Anordnung der Materialien beachten, daß die Hand später wie auf einer „Fühlstraße" den Karton von vorne nach hinten ertasten kann. Daher in der Mitte des Kartons keine sperrigen Dinge montieren, die ein weiteres Vortasten verhindern!

Weitere Ausgestaltungsmöglichkeiten

Den Karton bis auf die Öffnung für die Hand verschließen und bunt bemalen.

Erfahrungsgemäß üben Fühlkästen, die einen „Schatz" enthalten, einen besonderen Reiz aus. Man kann beispielsweise im Karton ein Bonbon deponieren oder einen mit gelber Farbe getränkten kleinen Schwamm befestigen. Der gelbe Finger steht dann symbolisch für einen „Goldfund".

◆ **TIP:** *Vor der Öffnung im Fühl-kasten eine kleine Gardine an-bringen, so kann niemand ins Innere schauen!*

Fingerpuppen

Beim Basteln der Fingerpuppen wird die Phantasie der Kinder angeregt. Die spielerische Funktion steht hier im Vordergrund. Es bietet sich an, mit den Kindern kleine Stücke zu improvisieren.

 **ALTER** *ab 8 Jahren*

 **DAUER** *ca. 1 x 30 und 1 x 45 Minuten*

MATERIAL & WERKZEUG *alte Zeitung, etwas Tapetenkleister, Schale zum Anrühren des Kleisters, Löffel zum Durchrühren, Stoff-, Woll- und Drahtreste, Abtönfarben in verschiedenen Farbtönen, Klebstoff, Schere, kleiner Rundstab (oder Schaschlikstab) zum Trocknen*

Das Anfertigen der Grundform

Das Zeitungspapier in schmale Streifen reißen, mit dem Tapetenkleister gut einstreichen und direkt um Mittelfinger oder Daumen wickeln.

Die Fingerspitze vollständig mit kürzeren Leimpapierstreifen erst quer, dann längst umkleben. Weitere Leimpapierstreifen abwechselnd quer und längs (mindestens 4 bis 5 Schichten) am Grundkörper anbringen. Die letzte Schicht sollte nach Möglichkeit aus fein gerissenen Schnipseln von unbedruckten Zeitungsteilen, z.B. dem Rand, bestehen.

Die Grundform vorsichtig vom Finger abziehen und auf einen kleinen Rundstab setzen. Den Stab in einen Blumentopf oder eine Vase stecken, damit er nicht umfällt. Die Grundform – am besten über Nacht – gut trocknen lassen.

Die Ausgestaltung der Puppe

Ohren, Hörner oder lange Nasen aus Leimpapier formen und ankleben (vgl. auch „Leimpapier", Seite 38). Erneut gut trocknen lassen.

Zum Schluß die Fingerpuppe bemalen, Haare aus Wolle aufkleben, aus Drahtresten eventuell ein Brillengestell fertigen und aus Stoff ein Kleidchen zurechtschneiden. Einen kleinen Stoffstreifen um den Hals der Fingerpuppe legen und festkleben. Auch die Kleidernaht wird nur geklebt, zum Nähen sind die Stoffstücke in der Regel zu klein.

Weiterführende Ideen

◆ PUPPENBÜHNE UND HAUS ANFERTIGEN:
Zu Fingerpuppen gehört auch eine
passende Puppenbühne oder ein
Wohnhaus. Es macht den Kindern
viel Freude, aus Streichholzschachteln Möbelstücke und andere
Gegenstände für die kleinen Figuren zu bauen.

◆ *TIP: Einen ziemlich langen Hals
einplanen, damit später das Kleid
gut befestigt werden kann.*

153

Propellerflieger

Mit einem bunten Papierrest wird dieser lustige Propellerflieger gebastelt: Beim Fliegen dreht er sich um die eigene Achse.

ALTER *ab 6 Jahren*

DAUER *ca. 10 Minuten (ohne Bemalen)*

MATERIAL & WERKZEUG *restliches Tonpapier, Schere, Bleistift, Bunt- oder Wachsmalstifte*

Die Grundform nach der Zeichnung in den angegebenen Maßen aus Tonpapier schneiden und die eingezeichneten Linien darauf übertragen. Den Flieger an den durchgezogenen Linien einschneiden und die „Propeller" herausarbeiten: Dafür die Fläche A an der Linie a nach hinten und die Fläche B an der Linie b nach vorne biegen. Für den Flugkörper nun die Flächen C und D an den gestrichelten Linien c und d nach innen falten, dabei soll-

te die rechte Fläche (C) etwas über der linken (D) liegen. Abschließend die Fläche E an der Linie e nach oben falten – und schon ist der Propellerflieger startklar! Den Flieger nach dem Falten noch bunt bemalen.

Fluganleitung

Den Flieger aus möglichst großer Höhe senkrecht fallen lassen, die Propeller beginnen sich dann automatisch zu drehen. Am besten dabei auf einen Stuhl steigen.

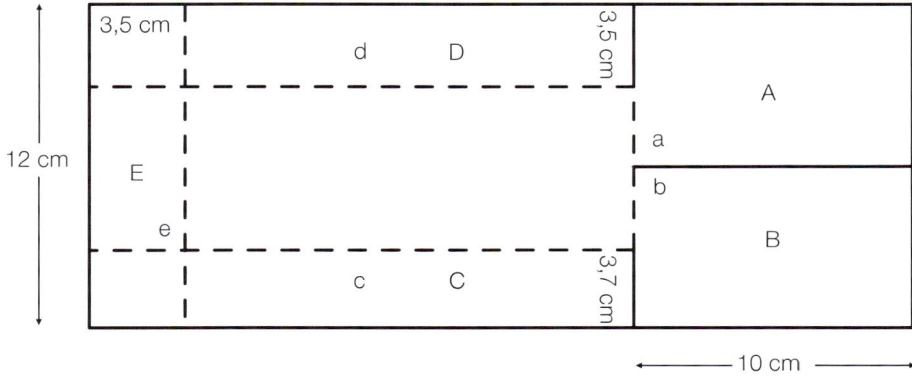

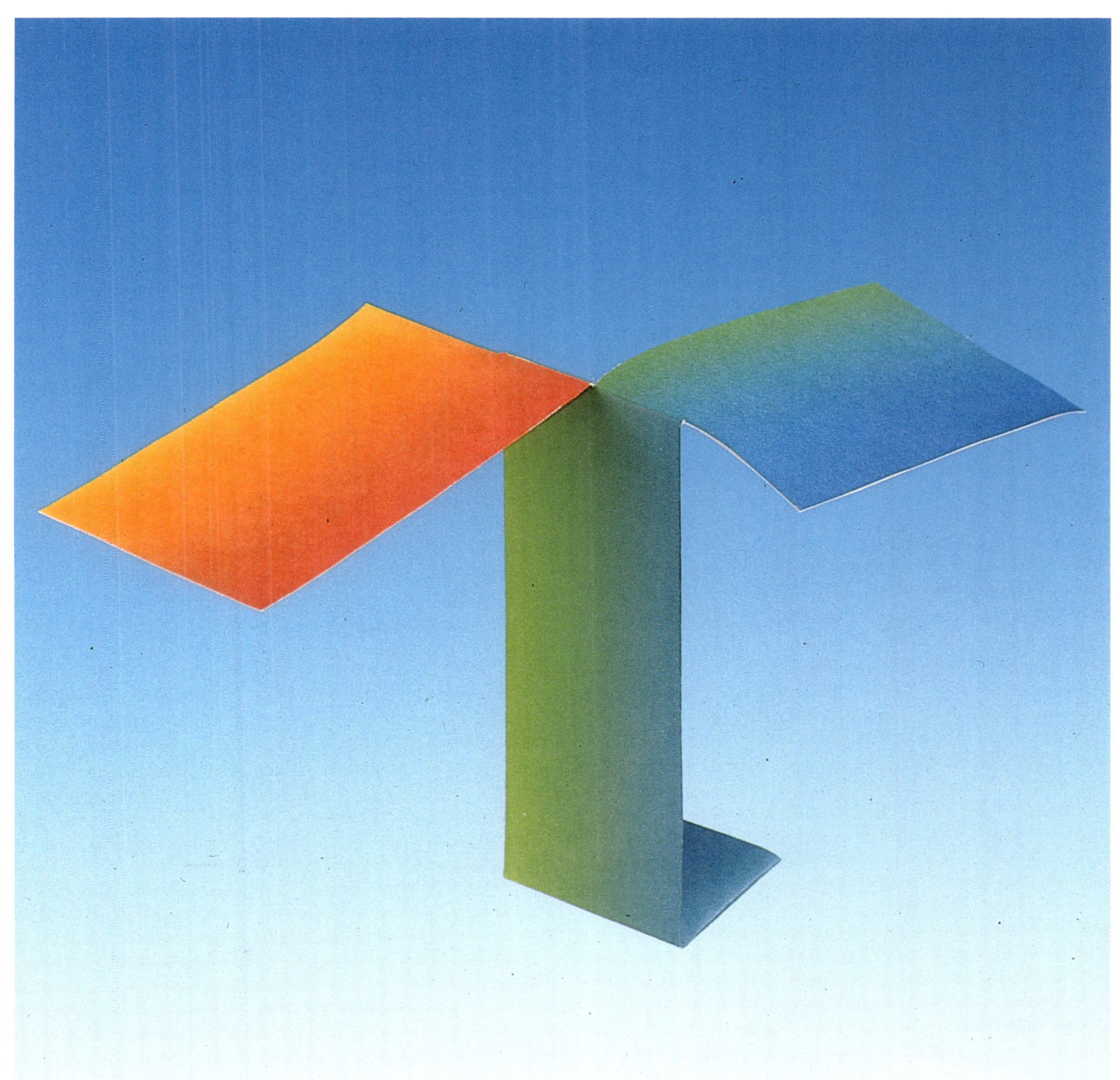

Kerzengießen

Aus Kerzenresten lassen sich neue Kerzen in verschiedenen Größen, Farben und Farbkombinationen herstellen.

 **ALTER** *ab 6 Jahren*

DAUER *ca. 1 bis 2 Stunden*

MATERIAL & WERKZEUG *Kerzenreste ohne Docht (nach Farben sortiert), Dochte (mittelstark) als Gießformen: leere Toilettenpapierrollen, kleine Schachteln aus stabilem Karton, Ausstechförmchen Zahnstocher oder Schaschlikstäbe, Alufolienreste, leere Konservendosen, Pflanzenöl, Pinsel, Wasser, Topflappen, alter Topf, alte Löffel, Schere*

◆ *TIP: Topf und Löffel können anschließend nicht mehr zum Kochen verwendet werden!*

Vorbereitung der Gießform

Die Gießform, z.B. eine Toilettenpapierrolle, innen satt mit Pflanzenöl einpinseln und an einem Ende dicht mit Alufolie verschließen. Den Docht in der entsprechenden Länge zuschneiden und mit Hilfe eines Zahnstochers oder Schaschlikstabes in die Mitte der Gießform hängen, so daß er den Boden berührt (Zeichnung).

Schmelzen des Wachses

Für jede Farbe eine eigene Konservendose verwenden und die entsprechenden Kerzenreste hineinfüllen. Einen Topf mit Wasser füllen, eine oder mehrere Dosen hineinstellen und auf dem Herd erhitzen, bis das Wachs geschmolzen ist. Dabei darauf achten, daß kein Wasser in die Dose gelangt. Sobald das Wachs flüssig ist, die Dose (Vorsicht: sie ist heiß) sofort mit einem

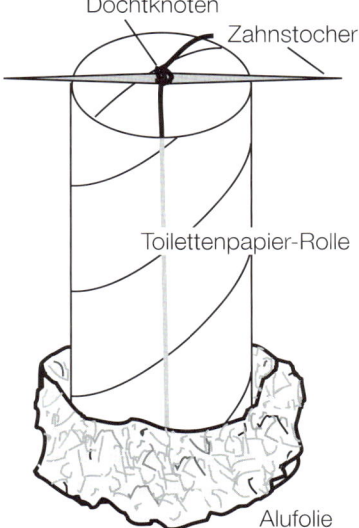

Dochtknoten
Zahnstocher
Toilettenpapier-Rolle
Alufolie

Topflappen aus dem Wasser herausnehmen. Auf diese Weise läßt sich das Kerzengießen auch in großen Gruppen durchführen.

Einfüllen des Wachses

Mit einem Löffel das flüssige Wachs zu einer Schicht von ca. 1 cm Dicke in die vorbereitete Form füllen. Dabei sollte der Docht unbedingt in der Mitte bleiben! Diese Schicht muß fest werden (ca. 15 Minuten), bevor die nächste darauf gegossen werden kann.

Fertigstellung

Die gefüllte Gießform bis zur völligen Erkaltung am besten über Nacht stehenlassen. Dann die Kerze aus dem Karton oder der Ausstechform herauslösen und den Docht auf ca. 1 cm Länge zurückschneiden.

Streifenkerze

Wachsreste in zwei oder mehreren Farben in jeweils einer Konservendose (nach Farben getrennt!) schmelzen und abwechselnd in die Toilettenpapierrolle gießen. Jede Schicht muß erkaltet sein, bevor eine neue gegossen werden kann.

Herzkerze

Das Wachs in herzförmige Ausstechförmchen, wie sie zum weihnachtlichen Backen verwendet werden, gießen und erkalten lassen.

Weiterführende Ideen

◆ DUFTKERZEN: Beim Schmelzen dem Wachs einige Tropfen natürliches Duftöl beifügen und das Wachs in kleine Teigausstechförmchen gießen.

◆ ANHÄNGER AUS WACHS: Geschmolzene Kerzenreste in kleine Wachsanhängerformen (aus dem Fachhandel) gießen. In das noch weiche Wachs wird ein Aufhängefaden eingedrückt.

◆ RUSTIKALE GARTENBELEUCHTUNG: Tontöpfe von innen mit Pappe oder Aluabfall verschließen, einen Docht einlegen und geschmolzene Wachsreste hineingießen. Diese Kerzen sind eine Zierde für jedes Gartenfest.

Bastelideen aus Naturmaterial

Collage

Naturmaterialien sollten gemeinsam mit den Kindern gesammelt und getrocknet werden. Naturcollagen sind im Herbst ein stimmungsvoller Zimmerschmuck.

ALTER *ab 6 Jahren*

DAUER *ca. 30 Minuten (ohne Sammeln)*

 **MATERIAL & WERKZEUG** *viel selbstgesammeltes Naturmaterial wie Moos, Blätter, Tannennadeln, Eicheln, Bucheckern u.ä., Klebstoff, festeres Papier oder Tonkarton in beliebiger Größe*

Am besten etwa eine Woche vor der Erstellung der Collage Naturmaterialien sammeln, denn sie müssen bei ihrer Verwendung getrocknet sein. Die Blätter pressen. Die unterschiedlichen Materialien auf ein Blatt Papier legen und zu einem Bild zusammenstellen. Ist ein schönes Arrangement gefunden, werden die Teile angeklebt.

Weiterführende Ideen

◆ COLLAGE AUS KIESELSTEINEN: Dafür auf eine Holzplatte eine ca. 2 cm dicke Mischung aus Sand und angerührtem Tapetenkleister auftragen. Selbst gesammelte Kieselsteine hineindrücken. Nach dem Trocknen des Kleisters wird diese Sandschicht hart und hält die Steine.

◆ BAUM-COLLAGE: Von verschiedenen Bäumen Blätter oder Nadeln, Früchte und ein kleines Stück Rinde sammeln. Auf ein großes Blatt Papier die Namen der Bäume schreiben und dazugehörende Teile kleben.

Kastanienschleuder

Bastelspaß im Herbst:
Schnell hergestellt ist die Kastanienschleuder mit bunten
Kreppapierstreifen oder langen Gräsern.

Flugobjekte faszinieren Kinder immer wieder. Diese Kastanienschleuder ist einfach und preiswert in der Herstellung. Sie fliegt vorzüglich. Da Kastanien relativ weich sind, können auch keine Fensterscheiben zu Bruch gehen.

Aus dem Kreppapier pro Schleuder sechs ca. 1 cm breite, 50 cm lange Streifen in unterschiedlichen Farben schneiden. In die Mitte der Kastanien mit dem Handbohrer ein Loch bohren. Die Schnur mit einem Ende durch das Loch ziehen, um die Kastanie legen und verknoten. Auf diesen Knoten die verschiedenfarbigen Kreppapierstreifen legen und mit dem Schnurende verknoten. An das andere Ende eine Schlinge zum Festhalten knüpfen. Die Kastanienschleuder in der Schlinge fassen und sie durch kreisende Armbewegungen in Schwung bringen. Die Schleuder fliegt bis zu 10 m weit.

ALTER	ab 6 Jahren
DAUER	ca. 20 Minuten
MATERIAL & WERKZEUG	*frisch gesammelte Kastanien, Kreppapier in verschiedenen Farben, ca. 70 cm Schnur für jede Schleuder, Handbohrer, Schere*

Weiterführende Ideen

◆ SCHLEUDERN AUS NATURMATERIAL: Statt der Kreppapierstreifen Stroh oder Gräser verwenden.

◆ SCHLEUDERWETTBEWERB: Welche Schleuder fliegt am weitesten, am höchsten, rückwärts u.ä.? Der Gewinner erhält eine Handvoll Eßkastanien.

◆*TIP: Nicht unter Bäumen oder Stromleitungen mit der Schleuder spielen! Nicht auf andere Menschen zielen!*

Mühle-Spiel aus Kieselsteinen

**Dieses bekannte Spiel ist bei Kindern beliebt.
Es läßt sich mit wenigen, einfachen Materialien
selbst herstellen.**

ALTER — *ab 8 Jahren*

DAUER — *ca. 1 Stunde*

MATERIAL & WERKZEUG — *1 Holzbrett,
ca. 30 cm x 30 cm groß
Schmirgelpapier, Lineal, Bleistift,
Kreppband, Deck- oder Abtönfarbe,
Pinsel, Leinöl oder Bienenwachs, 9
weiße und 9 dunkelgraue gewaschene Kieselsteine*

Spielbrett

Das Holzbrett auf allen Seiten gründlich abschmirgeln, dann mit Lineal
und Bleistift die Linien für das Spiel-
brett ziehen: Das größte Quadrat
5 cm vom Rand einzeichnen, seine
Seiten sind 20 cm lang. Die Seiten
des mittleren Quadrats sind 14 cm,
die des kleinsten 8 cm lang.
Entlang der Linien rechts und links
im Abstand von ca. 2 mm Kreppband
aufkleben und die Zwischenräume
mit Pinsel und Farbe (oder dem
Wachsmalstift) ausmalen. Nachdem
die Farbe getrocknet ist, das Kreppband entfernen. Anschließend das
gesamte Brett mit Leinöl oder Bienenwachs einstreichen.

Spielanleitung

Jeder der beiden Spieler erhält
neun gleichfarbige Kieselsteine,
Weiß beginnt. Die Spieler setzen
abwechselnd. Ziel ist es, drei
Steine einer Farbe nebeneinander-
zusetzen, also eine „Mühle" zu
haben. Gelingt dies einem Spieler,
darf er seinem Gegenüber einen
Stein wegnehmen. Aus einer
„Mühle" kann kein Stein entnom-
men werden. Sind alle Steine
gesetzt, wird
abwechselnd gezo-
gen. Wer nur noch
drei Steine hat, darf
springen. Das Spiel
ist zu Ende, wenn ein
Spieler nur noch
zwei Steine besitzt
oder wenn kein Zug
mehr gemacht wer-
den kann.

Weiterführende Ideen

◆ VARIANTEN DIESES MÜHLE-SPIELS:
Statt eines Holzbretts kann auch
ein Baumstumpf als Spielfläche
eingesetzt werden. In einer ruhigen
Ecke im Hof oder auf dem Spiel-
platz können die Linien mit Kreide
auf den Boden gezeichnet werden.
◆ DAME-SPIEL SELBST ANFERTIGEN:
Auch ein Dame-Spiel kann mit ähn-
lichen Mitteln hergestellt werden.

Steinbilder

**Die Bilder eignen sich für eine Gruppenarbeit:
Zu einem Thema werden mosaikartig die einzelnen Steinbilder
zusammengestellt. Zuvor wird mit den Kindern überlegt,
welche Steinformen sich für entsprechende Motive eignen.**

ALTER *ab 6 Jahren*

DAUER *pro Stein etwa 5 bis 10 Minuten*

MATERIAL & WERKZEUG *flache Steine mit glatter Oberfläche in verschiedenen Größen, eventuell Seifenlauge und Bürste, Bleistift, Deck- oder Abtönfarbe, Pinsel, Wasserglas, Malkittel, alte Zeitungen*

Die Steine sorgfältig waschen, eventuell in Seifenlauge mit einer Bürste reinigen. Die Oberfläche darf keine Sand- oder Erdreste aufweisen, sonst haftet die Farbe nicht.

◆ *TIP: Die Steine am besten am Vortag waschen.*

Auf die getrockneten Steine kann mit Bleistift das gewünschte Motiv aufgemalt werden. Bei einer Gruppenarbeit ist es ratsam, ein gemeinsames Bildthema festzulegen, wie beispielsweise „Meer".
Den Arbeitstisch mit Zeitungen abdecken und die Motive mit Deck- oder Abtönfarbe ausmalen. Zum Trocknen die Steine auf Zeitungspapier legen.

Man kann auch gemeinsam an einem Objekt, beispielsweise an einer „bunten Schlange", arbeiten, wobei jedes Kind ein farbenfroh gemustertes Element beisteuert.

Weiterführende Ideen

◆ FIXIERTE BILDER: Ein Steinbild kann immer wieder neu kombiniert werden. Man kann die Steine auch auf einem festen Untergrund mit Klebstoff fixieren. Weitere Möglichkeit: Auf eine Holzplatte eine Mischung aus angerührtem Tapetenkleister und Sand ca. 2 cm dick auftragen und die Steine hineindrücken.

Nach dem Trocknen des Kleisters ist die Sandschicht hart und hält die Steine. Der Sand in den Zwischenräumen sieht als Füllmaterial hübsch aus.

Sandbilder

Flaschenbilder mit Sand sind einfach herzustellen und sehr effektvoll. Das Einfärben des Sandes wie das Gestalten der Flaschen macht den Kindern viel Spaß.

ALTER *ab 8 Jahren*

DAUER *ca. 30 Minuten*

MATERIAL & WERKZEUG *feinkörniger Sand, bei Bedarf ein Drahtsieb, Deckfarbe oder selbst hergestellte Pflanzenfarbe (siehe Seite 46), kleine Schalen zum Färben (z.B. Glasschälchen, Quarkbecher), 1 großer und 1 kleiner Löffel, verschiedene kleine Glasflaschen (evtl. mit Schraubverschluß), Zeitungen, Kerze und Streichhölzer oder Korken, Papier, Strohhalm mit möglichst großem Durchmesser*

 TIP: In eckigen Flaschen kommen Sandbilder besonders gut zur Geltung. Natürlich können auch Marmeladengläser und andere Glasgefäße verwendet werden. Die Gläser und Flaschen sollten möglichst dünnwandig sein.

Vorbereiten und Färben des Sandes

Den Sand zunächst reinigen. Dazu wird er nach und nach durch ein Drahtsieb gestreut. In die bereitgestellten Schalen etwas Wasser geben und mit den Deckfarben oder Pflanzenfarben, Seite 46, kräftig einfärben. Den Sand vorsichtig hineinschütten und gut durchrühren. Einen Rest naturbelassenen Sand zurückbehalten.

Trocknen des Sandes

Den Sand trocknen lassen, dabei immer wieder durchrühren, damit eine gleichmäßige Färbung entsteht. Die Schalen auf die Heizung oder in die Sonne stellen. Während des Trockenvorgangs treten die einzelnen Farbtöne bei dem zunächst sehr dunkel wirkenden Sand immer stärker hervor. Zum Nachfärben einfach konzentrierte Mengen an Deck- oder Pflanzenfarbe unterrühren und erneut trocknen lassen. Zur Weiterverarbeitung muß der Sand völlig trocken sein.

Vorbereiten der Flaschen

Die sauber ausgewaschenen Flaschen auf eine Unterlage aus Zeitungen stellen. Möglichst kleine Flaschen, beispielsweise kleine Schnapsfläschchen, verwenden. Sie eignen sich auch gut zum Verschenken.

Einfüllen des Sandes

Mit dem kleinen Löffel bunten Sand einfüllen, unterschiedlich breite Sandschichten ergeben ein hübsches Muster. Die Flaschen müssen randvoll gefüllt werden, damit später nichts verrutschen kann. Nach dem Einfüllen die Gefäße mehrmals mit dem Boden vorsichtig auf den Tisch klopfen. Dabei verdichtet sich der Sand. Sand nachfüllen. Den Flaschenhals mit einem Korken bzw. einem Drehverschluß fest verschließen oder mit Wachs zutropfen.

Gestalten von Mustern

Mit etwas Übung können Muster geschaffen werden. Mit dem Stilende des Löffels Sand in kleinen Portionen einfüllen und gezielt streuen. Senkrechte Muster oder Bögen ergeben sich, wenn man die Flasche schräg hält.
Aus Papier einen einfachen Trichter basteln und in einen möglichst

Besonders im Spätsommer bietet sich diese Werkarbeit an, wenn aus dem Urlaub etwas Sand mitgebracht wird.

breiten Strohhalm stecken. Mit Hilfe dieses Strohhalms und des Trichters kann man den Sand an bestimmten Stellen einfüllen, um ganz unterschiedliche Muster zu erzielen.

Weiterführende Ideen

◆ MARMORIERMUSTER: Diese gelingen mit einem einfachen Trick. Einige größere Perlen an einem langen Faden befestigen, die Perlen am Rand eines leeren, möglichst geraden Glasgefäßes mit großer Öffnung auf den Boden gleiten und die Fäden über den Rand hängen lassen. Mit einem Löffel die verschiedenen Sandschichten einfüllen, wobei die Perlen nicht in die Mitte rutschen dürfen. Dann die Perlen an dem Faden langsam und vorsichtig entlang der Glaswand möglichst senkrecht wieder herausziehen. Dadurch entstehen Längsrillen, der bunte Sand bildet an diesen Stellen ein Muster.
Gestalten mit unterschiedlichen Sandarten: See-, Fluß-, Bau-, Sandkasten- und Lavasand haben verschiedene Farbtöne, die sich gut kominieren lassen.

◆ GESTALTEN MIT UNTERSCHIEDLICHEN SANDARTEN: See-, Fluß-, Bau-, Sandkasten- und Lavasand haben verschiedene Farbtöne, die sich gut kombinieren lassen.

167

Perlenkette aus Salzteig

Individuelle Ketten aus bunt bemalten Salzteigperlen sind auch für jüngere Kinder einfach herzustellen. Der Umgang mit Salzteig fördert zudem die motorischen Fähigkeiten.

 **ALTER** *ab 6 Jahren*

DAUER *ca. 2 x 2 Stunden (ohne Trockenzeiten)*

MATERIAL & WERKZEUG *1 Tasse Weizenmehl (ca. 100 g), 1/2 Tasse Salz (ca. 50 g), 1/4 Tasse Wasser (ca. 60 ml), Rührschüssel, Deck- oder Plakatfarbe in verschiedenen Farbtönen, Pinsel, kantige Streichhölzer ohne Kopf, Küchenbrettchen, Küchenmesser, Moosie-Ziegel oder ein Stück Styroporabfall zum Einstecken der bemalten Perlen, Lederband*

Formen

In einer Rührschüssel Mehl, Salz und Wasser zu einem geschmeidigen Teig verkneten. Falls der Teig krümelt, etwas Wasser dazugeben, falls er an den Händen klebt, etwas Mehl hinzufügen.

Aus dem Teig eine lange Rolle von 1 bis 3 cm Durchmesser formen. Je dicker die Rolle ist, desto größer werden die Perlen. Die Rolle in gleichmäßige Scheiben (1 bis 3 cm dick) schneiden und diese zwischen den Handflächen zu Kugeln rollen. Diese auf ein Brettchen legen und mit dem Streichholz ein Loch in die Mitte bohren.

Die Perlen mehrere Tage an der Luft trocknen lassen. Im Backofen müßte der Salzteig einige Stunden bei niedriger Temperatur gebacken werden, was sehr viel Energie kostet.

Bemalen

Die getrocknete Perle auf ein Streichholz stecken und mit Plakatfarbe und etwas Wasser rundum einfarbig bemalen. Manchmal lösen sich dabei Teile des Salzteiges, daher zügig und mit wenig Druck arbeiten. Die bemalten Kugeln zum Trocknen mit dem Streichholz in einen Moosie-Ziegel oder ein Stück Styropor stecken. Die Perle abschließend nach Wunsch noch mit einem Muster verzieren und auf ein Lederband ziehen.

Mit Perlen aus Salzteig lassen sich auch ausgefallene Werkstücke wie Indianer- und Piratenschmuck herstellen.

Weiterführende Ideen

◆ ANDERE SCHMUCKFORMEN: Die einzelnen Perlen müssen nicht immer kugelförmig sein. Es können auch längliche oder sogar eckige Schmuckteile hergestellt werden.

◆ KOMBINATION MIT ANDEREN PERLEN: Salzteigperlen lassen sich hübsch mit anderen selbstgefertigten Perlen kombinieren, z.B. mit Papierperlen, siehe Seite 32.

Weben mit Naturmaterial

Weben ist recht arbeitsintensiv und verlangt eine gewisse Ausdauer. Daher den Rahmen nicht zu groß anlegen.

ALTER *ab 9 Jahren*

DAUER *ab ca. 4 x 2 Stunden (für ein kleineres Werkstück)*

MATERIAL & WERKZEUG *nicht zu dünne Stöcke oder Hölzer für den Rahmen, 2 Rollen Naturbast, Naturmaterialien wie Steine, kleine Stöcke, Muscheln, Blätter, Gräser, Federn, Holzstücke, u.ä., Webnadel, Schere, eventuell Nägel mit Kopf, Hammer, Strähnchenkamm oder selbstgefertigter grober „Kamm" aus Pappe, Nähgarn, Gewebeklebeband*

◆ **TIP:** *Für grobe Webarbeiten mit Naturmaterial ist ein Strähnchenkamm zum Anschlagen besonders gut geeignet.*

170

Herstellung des Rahmens und Spannen der Kettfäden

Die Stöcke mit Bast zu einem quadratischen oder rechteckigen Webrahmen fest zusammenbinden. Warum nicht einmal eine spitze Ecke einplanen? (s. Abb.) An den fertigen Rahmen die Kettfäden aus Bast spannen.

Zwei Methoden bieten sich an: Entweder in das obere und untere Holz in regelmäßigen Abständen Nägel einschlagen (je nach Größe des Werkstücks im Abstand von 1 bis 2 cm) und mit Fäden aus Bast nicht zu straff bespannen. Diese Methode ist für Anfänger zu empfehlen, da die Kettfäden während der Arbeit nicht verrutschen können. Oder aber die Fäden oben und unten an den Stöcken anknoten. Die Knoten müssen dabei sehr fest sitzen, sonst verrutschen sie.

Weben

Einen nicht zu langen Bastfaden in die Webnadel fädeln und im Wechsel einmal über und einmal unter den Kettfäden durchführen, zurück dann versetzt. Einige Reihen auf diese Art, fertigstellen, damit eine gewisse Grundfestigkeit erreicht wird, etwa ein Achtel des Werkstücks. Kindern fällt es anfangs sehr schwer, die Schußfäden richtig anzuziehen. Sie ziehen sie zu fest an, so daß sich der Rand verformt. Oder sie arbeiten zu locker, so daß unschöne Lücken und wellige Ränder entstehen. Am besten daher einfach die beiden Längsseiten des Rahmens mit umweben. Das sorgt für Festigkeit und es entsteht ein schöner Rand.

Endet ein Faden, wird er mit dem nächsten verknotet und nicht vernäht. Die Knoten lassen sich später leicht auf die Rückseite der Webarbeit ziehen. Die Schußfäden mit einem Kamm immer wieder fest zusammenschieben.

Einarbeiten der Fundstücke

Nach einigen Reihen die selbstgesammelten Naturmaterialien einarbeiten. Stöcke, Hölzer, Gräser oder biegsame schmale Blätter können direkt miteingewebt werden. Reichen sie nicht bis zum Rand, das fehlende Stück mit Bast ergänzen. Darauf achten, die Schußfäden nicht zu stark anzuziehen.

Nachträglich Dekorieren

Andere Fundstücke erst nach dem Weben anbringen. Dabei sind der Phantasie keine Grenzen gesetzt. Alle Materialien vor dem Befestigen erst auf das Werkstück auflegen und verschiedene Arrangements ausprobieren. Beim Dekorieren auch über die Ränder der Webarbeit hinausgehen und den Rahmen oder die Enden der Kettfäden mit einbeziehen.

Steine mit einem farblich passendem Nähgarn wie ein Geschenkpäckchen umwickeln. Den Faden verknoten und durch die Arbeit ziehen. Auf der Rückseite verknoten. Schneckenhäuser und Muscheln eventuell mit einem spitzen Gegenstand auf einer weichen Unterlage vorsichtig durchbohren, dabei können jedoch erfahrungsgemäß viele Schalen zu Bruch gehen. Daher lieber mit Gewebeklebeband arbeiten. Dieses versteckt anbringen, so daß es auf der Vorderseite nicht zu sehen ist. Den Faden einfach auf der Rückseite der Muschel oder des Schneckenhauses mit einem Stückchen Klebeband befestigen und durch das Webstück ziehen.

◆ *TIP: Webbilder bekommen keine „Taille", wenn man den Faden schräg durchwebt und dann mit dem Kamm fest anschlägt. Dann Motive wie Menschen, Bäume, Tiere oder Häuser einwe-* *ben, wobei die Kettfäden der Arbeit außerhalb der Figuren sichtbar bleiben. Unten erneut einen Rand fertigen. Vorsicht beim Anziehen des Schußfadens, er darf weder zu straff noch zu locker sitzen!*

Federn kann man direkt einweben.
Schöner sehen die Federn aus, wenn
sie mit einem Faden angeknotet werden.
Alle überstehenden Fäden fest
verknoten und abschneiden. Nach
Wunsch noch lange Fransen
anknüpfen.

Weiterführende Ideen

◆ **WEBEN MIT UNTERSCHIEDLICHEN RAHMEN**: Aus vielen Materialien können Webrahmen hergestellt wer-
den, von gebogenen Drahtreifen,
bis hin zu eingeschnittenen Papp-
kärtchen. Sogar aus Streichhölzern,
gewebt wird dann auf diesem
Miniaturwebrahmen mit Nähgarn
und Nähnadel.

◆ **LATEINAMERIKANISCHE AUSLASSUNGS-
ARBEITEN**: Bei einiger Webererfahrung
kann man anspruchsvollere Techniken ausprobieren. Aus Lateiname-
rika sind wunderschöne Auslas-
sungsarbeiten bekannt, die relativ
einfach nachzuarbeiten sind.
Einen stabilen Holzrahmen bauen,
der mit kleinen Messingnägeln
oben und unten beschlagen wird.
Aus grober Schurwolle, die
in verschiedenen Brauntönen
erhältlich ist, straffe Kettfäden
spannen.
Auf einem Blatt Papier eine Vor-
skizze entwerfen. Erst einen festen
Rand weben, um eine gewisse
Stabilität zu erreichen.

◆ **GOBELIN- UND KELIMWEBEREI**:
Sie werden eingesetzt, wenn zwei
Farben miteinander verbunden werden sollen. Mit einer Farbe bis zur
gewünschten Stelle weben, dann
umdrehen und zum Rand zurückweben. Vom gegenüberliegenden
Rand her die andere Farbe einweben, den Faden durch die Schlaufe
der ersten Farbe führen und dann
zurückweben (Zeichnung links und
Abb). Man kann die Fäden aber
auch nebeneinander absetzen, d.h.
die Fäden an derselben Stelle wenden (Kelimtechnik). Genau arbeiten, sonst entsteht leicht ein
größerer Schlitz.

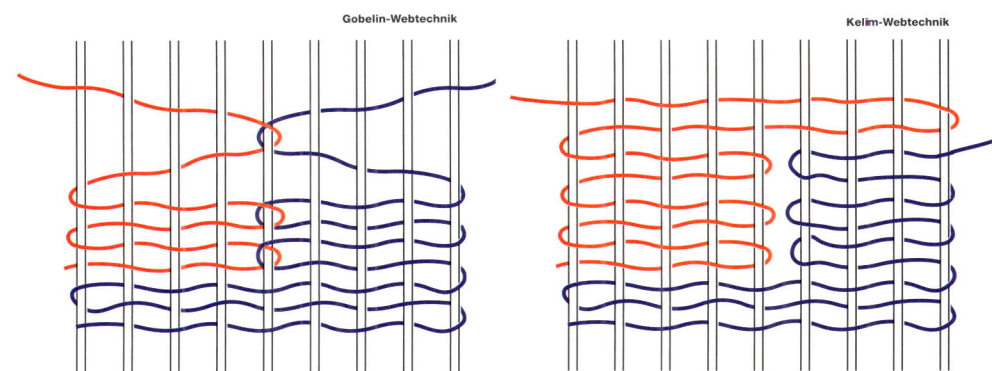

Gobelin-Webtechnik

Kelim-Webtechnik

Fasching

Köpfe aus Leimpapier

Die Kinder können einen Leimpapierkopf ihrer Lieblingsfigur anfertigen und die Kopfmaske ausschmücken und bemalen. Die Freude am kreativen Modellieren und am Herausfinden von Gestaltungsmerkmalen steht bei dieser Arbeit an erster Stelle.

 **ALTER** *ab 6 Jahren*

DAUER *ca. 4 x 2 Stunden*

MATERIAL & WERKZEUG *Viel Zeitungspapier, helles Papier, pro Maske 1 großer, runder Luftballon, 1 Packung einfacher Tapetenkleister, eine große Schüssel zum Anrühren des Kleisters, eine kleine Schüssel als „Ständer" für den Ballon, Deck- oder Plakatfarben, Pinsel, Schere, Malkittel*

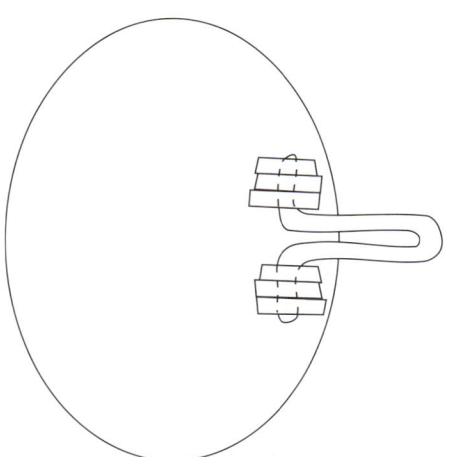

Manche Kinder haben Hemmungen, mit den Händen in den Kleister zu fassen. Wird diese Scheu jedoch behutsam überwunden, kann es auch ihnen Spaß machen, einmal so richtig nach Herzenslust „herumschmieren" zu können.
Gleich zu Anfang sollte gemeinsam überlegt werden, welche Art von Maskenkopf jedes Kind gestalten möchte und welche Charakteristika dabei besonders herausgestellt werden sollen: beim Vampir die riesigen Zähne, beim Clown der besonders große Mund, die geschwungenen Augenbrauen, ein breites Lachen und übergroße Ohren. Dieses Bewußtmachen von bestimmten äußeren Merkmalen einzelner Figuren erleichtert es den Kindern, ihre Phantasievorstellungen plastisch umzusetzen.
Die Arbeit mit Leimpapier erfordert Aufmerksamkeit und eine gewisse Geschicklichkeit. Das Umkleben des Ballons ist oft problematisch, da er sich leicht dreht.
Es bietet sich daher an, die Gestaltung dieser Faschingsköpfe als Partner- oder Gruppenarbeit durchzuführen.

Vorbereitende Arbeiten

Zur Technik siehe Leimpapier, Seite 38.
Den Tapetenkleister rechtzeitig, am besten am Vortag, nach der Verpackungsanleitung anrühren und zum Quellen stehenlassen. Die Kinder sollten Malkittel (z.B. alte Herrenhemden) tragen, der Kleister läßt sich aber auch beim Waschen leicht entfernen.
Viel Zeitungspapier in etwa handtellergroße Stücke reißen, so daß eine große Menge bereitliegt.

Anfertigen der Grundform

Den Luftballon bis zur gewünschten Größe aufblasen und fest verknoten. Die Größe der Maske entspricht später der Größe des Ballons. Den Ballon gut mit Kleister bestreichen. Die Papierfetzen mit den Händen beidseitig mit Kleister einstreichen und den Ballon damit rundherum gleichmäßig zukleben. Das Papier muß immer sehr gut mit Kleister getränkt sein, in diesem Fall ist zuviel besser als zu wenig.
Damit der Kopf auch die Form

behält, sollten beim ersten Kleben mindestens 4 bis 5 Schichten Papier auf den Ballon aufgebracht werden, dabei darauf achten, daß die Schichten keine Lücken aufweisen. Diese Grundform mindestens eine Nacht gut durchtrocknen lassen. Wenn die Maske am anderen Tag etwas zusammengeschrumpft ist, läßt sich das leider nicht mehr beheben. Dann waren die Papierschichten zu dünn aufgeklebt.

Ausgestaltung des Kopfes

Am nächsten Tag erneut mindstens 4 Schichten Leimpapier aufbringen. Jetzt können mit geknülltem Leimpapier Nase, Ohren, Mund, Stirn und Kinn modelliert werden. Dazu formt man das gewünschte Gesichtsteil, drückt es an die richtige Stelle und legt größere Streifen Leimpapier darüber wie ein „Heftpflaster" oder einen „Verband" (Zeichnung). Herausstehende Teile, z.B. die Nase, kann man auch wie eine Wurst formen, die dann in der Mitte geknickt wird.
Die unteren Enden auseinanderbiegen, an den Ballon halten und mit Leimpapierstreifen ankleben

(Zeichnung). Die Maske fertig ausgestalten und anschließend noch einmal komplett überkleben. Diese letzte Leimpapierschicht sollte aus hellen Papierstreifen (z.B. unbedruckte Ränder von Zeitungspapier) bestehen, da sich die bedruckten Stellen der Zeitungsschnipsel nur schwer übermalen lassen.

Fertigstellung der Kopfmaske

Nachdem die Maske gut getrocknet ist (am besten erneut über Nacht), den Luftballon am unteren Ende zerstechen und vorsichtig herausziehen. Mit einer Schere hier nun in die Maske eine Öffnung einschneiden, so daß der Kopf hindurchpaßt.

Wenn die Maske getragen werden soll, müssen noch zwei Löcher für die Augen hineingeschnitten werden.

Bemalung

Bei reinen Dekorationsstücken werden die Augen nur aufgemalt; hier sollten sie groß und auffällig wirken. Augenlöcher werden kräftig umrandet. Abschließend die Maske mit Deckfarben oder anderen kräftigen Farben ausgestalten.

Weiterführende Ideen

◆ LEIMPAPIERARBEITEN MIT VERSCHIEDENEN GERÜSTEN: Das Arbeiten mit Leimpapier erfordert fast immer ein Gerüst. Statt eines Luftballons kann man ein Gerüst aus kräftiger Pappe oder aus feinem Maschendraht verwenden. Mit einem Holzgerüst lassen sich mit Leimpapier sogar lebensgroße Gebilde bauen. Es müssen nur immer genügend Schichten aufgetragen und mehrstündige Trockenpausen eingelegt werden. So lassen sich auch Tiere oder große Spielfiguren herstellen.

Gipsmasken

Die Möglichkeiten der Ausgestaltung sind sehr vielfältig und bieten Raum für Kreativität. Gipsmasken üben auf Kinder eine besondere Faszination aus, denn sie erhalten einen genauen Abdruck ihres Gesichtes.

ALTER   *ab 6 Jahren*

DAUER   *ca. 2 Stunden (ohne Trockenzeit)*

MATERIAL & WERKZEUG   *Für die Herstellung der Maske: 2 bis 3 mittelgroße Gipsbinden (aus Apotheken, Bastelgeschäften oder Krankenhäusern), Schere, Löffel, flache Schüssel, Vaseline, zwei Handtücher, Malkittel*
Zum Ausschmücken: Deck- und Abtönfarbe, Pinsel, Federn, Sterne, Bänder u.ä., Klebstoff, Handbohrer, Hosengummi, dicke Nadel

◆ *TIP: Mit jedem Kind vor dem Auflegen der Gipsbinden absprechen, ob Nase oder Mund oder keines von beiden geschlossen werden sollen. Die Augenregion wird großzügig ausgespart.*

Vorbereitung

Zunächst die Gipsbinde in ca. 5 cm lange Streifen schneiden und neben die mit etwas warmem Wasser gefüllte Schüssel legen. Den Kindern als zusätzlichen Schutz zum Malkittel ein Handtuch um die Schultern legen (Gipsflecken lassen sich aus der Kleidung aber auch gut herauswaschen).
Das zweite Handtuch den Kindern so um den Kopf schlingen, daß keine Haare mehr auf der Stirn liegen. Nun das gesamte Gesicht und den Hals sorgfältig mit Vaseline eincremen. Das gründliche Auftragen der Vaseline ist sehr wichtig für das Ablösen der Maske. Besonders gut sollten die Augenbrauen, die Schläfen und die Wangen bis hin zum Haaransatz eingecremt werden.

Auflegen der Gipsbinden

Ein Stück Gipsbinde in die Wasserschüssel tauchen, herausnehmen und auf die Wange des Kindes legen, der nasse Gips läßt sich gut verstreichen. Weitere Streifen dann so auf das Gesicht legen, daß sich die Gipsbinden jeweils überlappen und miteinander verstrichen werden können. Damit die Maske stabil ist, müssen an jeder Stelle mindestens drei Lagen Gipsbinden übereinander aufgelegt und gut verstrichen werden.

Abnehmen der Maske

Nach ca. 10 min. Trockenzeit, in der das Gesicht möglichst nicht bewegt werden sollte, wird die Maske durch Stirnrunzeln, Naserümpfen und Aufblasen der Backen gelockert und kann vorsichtig mit den Händen vom Gesicht abgehoben werden. Falls sie an einigen Stellen festsitzen sollte, kann man mit einem Löffelstiel unter den Gips fahren und sie ablösen.

Ausgestaltung der Maske

Aus weiteren Stücken der Gipsbinde Augenbrauen, Lippen, lange Nasen u.ä. formen. Die Augenöffnungen können verkleinert werden. Nun sollte die Maske, am besten über Nacht, gut durchtrocknen. Am nächsten Tag kann man sie nach Belieben bemalen und mit anderen Materialien wie Federn, Sternen oder Bändern bekleben.

Befestigung

Für die Befestigung an der linken und rechten Seite etwas unterhalb der Augenhöhe mit einem Handbohrer jeweils ein Loch bohren. Das Hosengummi am Kopf anpassen, seine zwei Enden mit einer dicken Nadel von hinten nach vorne durch die Löcher ziehen und mit einem dicken Knoten befestigen.

Halbmaske

Eine Halbmaske bedeckt nur die Stirn, die Nase und einen Teil der Wangen.

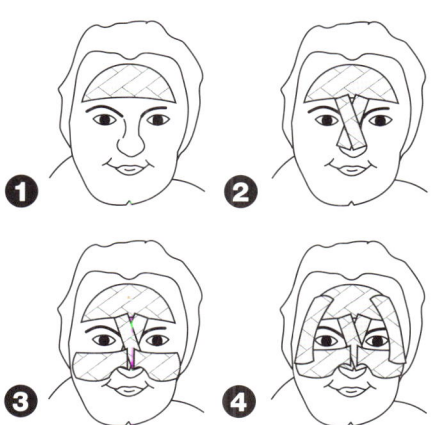

Mit dem Auflegen der Gipsbinden beginnt man an der Stirn, bedeckt anschließend die Nase und dann die Wangen. Zum Schluß werden die Stirn- und Wangenpartien entlang der Schläfen miteinander verbunden (Zeichnungen 1 bis 4). Ungerade Kanten lassen sich nach dem Abnehmen der Maske mit einer Schere korrigieren. Damit die Enden nicht ausfransen, jeweils noch ein Stück Gipsbinde um die Abschlußkante legen und sauber verstreichen.

Ganze Maske

Hier wird mit dem Auflegen der Gipsbinden an den Wangen begonnen, es folgen Kinn und Hals. Anschließend mehrere Stücke über die Nase legen und gut verstreichen, eventuell die Nasenlöcher

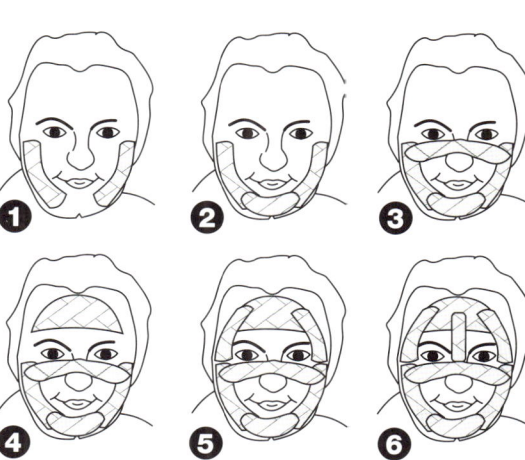

verschließen. Zuletzt Stirn und Schläfen bedecken. Mehrere schmale Streifen verbinden Stirn und Nase (Zeichnungen 1 bis 6).

Weiterführende Ideen

◆ MASKEN AUS KLEISTERPAPIER: Die getrockneten Gipsmasken können als Grundform für Masken aus Kleisterpapier dienen. Dazu werden sie auf der Innenseite zuerst mit Kleister bestrichen und dann mit einer Lage weißem Seidenpapier, mehreren Lagen Zeitungspapier und Kleister und abschließend noch einmal mit einer Schicht Seidenpapier beklebt. So lassen sich viele Abdrücke anfertigen, die später unterschiedlich ausgestaltet werden können.

179

Halbe Gesichter

Diese aufgeklebten Gesichter in der Positiv-Negativ-Technik sind ein auffallender Zimmerschmuck für jede Party, ganz besonders zur Faschingszeit.

ALTER *ab 7 Jahren*

DAUER *ca. 30 Minuten*

MATERIAL & WERKZEUG *Tonpapier im DIN-A4-Format in beliebiger Farbe, Zeichenpapier im DIN-A3-Format, Bleistift, Schere, Klebstoff*

Zuerst auf das Tonpapier eine halbe Kopfform zeichnen, die oben und unten bis zum Papierrand reichen muß. Die Form ausschneiden. Die Negativ-Form (B), bündig mit dem Rand, auf das Zeichenpapier kleben, die Positiv-Form (A) auf die andere Seite klappen und mit einem

Zeichen versehen (Zeichnungen 1 und 2). Nun werden nacheinander eine halbe Nase, ein halber Mund und ein Auge aus der Positiv-Form geschnitten und an die entsprechenden Stellen auf die Negativ-Form geklebt. Schnurrbart, Haare und Wangen ebenfalls als Hälften oder Einzelteile ausschneiden und festkleben, die Positivformen stets auf der Rückseite mit einem Zeichen versehen. Zum Schluß wird die Positiv-Form neben der ausgestalteten Negativ-Form auf das Zeichenpapier geklebt (Zeichnung 3).

Weiterführende Ideen

◆ VERRÜCKTE GESICHTER IN PARTNERARBEIT: Eine lustige Partnerarbeit ergibt sich, wenn zwei Kinder unterschiedliche Gesichtsteile miteinander austauschen. Dabei entstehen ganz verrückte Gesichter.
◆ BUNT BEMALTE GESICHTER: Man kann die Gesichter auch aus Papier anfertigen, das zuvor mit Deck- oder Wachsfarben bunt bemalt wurde.

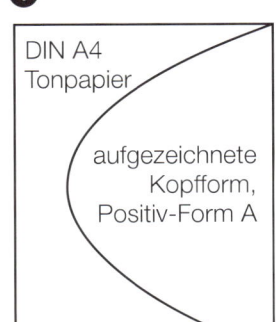

DIN A4 Tonpapier

aufgezeichnete Kopfform, Positiv-Form A

Negativ-Form B

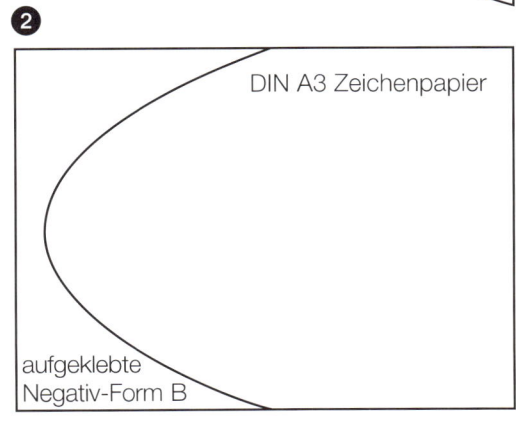

DIN A3 Zeichenpapier

aufgeklebte Negativ-Form B

Das Aufzeichnen der halben Gesichter und der Gesichtsteile erfordert von den Kindern abstraktes Denken.

Bunter Schmuck

Diese Schmuckstücke werden aus Leimpapier hergestellt und bunt mit lustigen Mustern ausgestaltet.

 **ALTER** *ab 9 Jahren*

DAUER *ca. 1,5 bis 2 Stunden (ohne Trocknen)*

MATERIAL & WERKZEUG *alte Zeitungen, Blumendraht, alte Schere oder Kneifzange, Tapetenkleister, Schüssel, Abtönfarbe in verschiedenen Farben, Pinsel, Malkittel, evtl. Ohrklipps oder Ohrstecker oder dunkler Zwirn, Leder- oder Schleifenband*

Vorbereitende Arbeiten

Zur Technik siehe Leimpapier, Seite 38. Den Tapetenkleister am Vortag anrühren und über Nacht ziehen lassen. Aus Draht die gewünschte Grundform für einen Ohrschmuck oder einen Kettenanhänger biegen, entweder einen großen Kreis, eine Schlangenlinie oder eine beliebige andere Form. Am oberen Ende unbedingt eine kleine Drahtschlinge zurechtbiegen, an der später eine Aufhängung für Ohrklipps oder für eine Kette angebracht werden können.

Anfertigen der Schmuckstücke

Das Zeitungspapier in kleine Stücke reißen, gut mit Leim einstreichen und vorsichtig in Schichten um den Draht legen, bis die Grundform fertig ist. Dann eine Trockenphase einplanen (am besten über Nacht), bevor der Schmuck mit weiteren Schichten verstärkt und ausgeformt wird. Zum Abschluß erneut gut trocknen lassen.

Bemalen

Die fertigen Leimpapierschmuckstücke können mit Abtönfarbe dekorativ bemalt werden. Die bemalten Schmuckstücke zum Trocknen aufhängen.

Fertigstellung

Zum Schluß ein Leder- oder Geschenkband durch die Schlaufe ziehen, damit das Werkstück als Anhänger getragen werden kann. Verwendet man Ohrklipps oder -stecker, erhält man dekorative Ohrringe. Statt dessen kann man aber auch eine große Schlaufe aus dunklem Zwirn an die Öse der Ohrringe binden, die man sich über das ganze Ohr hängt. So hält der Ohrschmuck auch, allerdings wird er wohl keine wilden Faschingstänze überstehen.

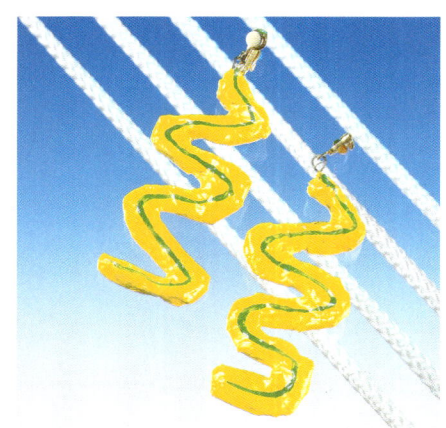

Ein origineller, auffallender Schmuck nicht nur während der Faschingszeit. Dabei steht die Ausgestaltung im Vordergrund. Es bietet sich an, die Wirkung von Signalfarben zu besprechen.

Weiterführende Ideen

◆ PASSENDER SCHMUCK ZUM FASCHINGS-KOSTÜM: Mit Leimpapier kann man sich rasch für sein Faschingskostüm den passenden Schmuck gestalten, indem man die Farben aufeinander abstimmt, ein Motiv aus dem Kostüm auf den Schmuck überträgt oder ihn entsprechend formt.

◆ SCHMUCK MIT LUSTIGEN MOTIVEN: Hübsch wirken auch kleine Tiere oder Motive wie Eistüten, Ringe und Schleifen aus Leimpapier. Sie werden mit Draht an einer Kette befestigt, auf eine Broschennadel geklebt oder auf eine Haarspange montiert.

Partyleuchter

Dieser Leuchter wird mit einem lustigen Motiv verziert und ist auf jeder Party ein Blickfang.

ALTER ab 6 Jahren

DAUER ca. 1 oder 2 x 45 Minuten (je nach Motiv)

MATERIAL & WERKZEUG *Schwarzer Tonkarton, Transparentpapier in verschiedenen Farben, Bleistift, Lineal, kleine spitze Schere, Klebstoff, leeres Marmeladenglas, Teelicht*

Zuschneiden des Motivs

Für die dreieckige Grundform drei Seiten im DIN-A4-Format aus schwarzem Tonkarton vorbereiten. Ein für Fasching oder eine andere fröhliche Party passendes Motiv wählen und auf eine der Kartonseiten aufzeichnen. Dabei darauf achten, daß rundum ein Rand von mindestens 1 cm stehenbleibt, die Verbindungsstege zwischen den Flächen sollten mindestens 0,5 cm breit sein. Mit einer spitzen Schere nun alle Felder sauber ausschneiden, die später farbig hinterlegt werden.

Bekleben mit Transparentpapier

Anschließend das Transparentpapier in den gewünschten Farben zurechtschneiden und auf der Rückseite des Motivs aufkleben. Die Transparentpapierstücke sollten dabei nur wenig größer sein als die freie Fläche und nicht in die benachbarte Fläche hineinragen. Nach Belieben kann man nun noch eine weitere oder die restlichen beiden Seiten des Leuchters verzieren.

Fertigstellung

Der Leuchter wird nun zusammengeklebt. Dafür eine weitere DIN-A4-Seite aus schwarzem Tonkarton längs in drei etwa 7 cm breite Streifen schneiden. Diese Streifen in der Mitte der Länge nach scharf falten, sie bilden die Winkel des Partyleuchters. Auf die Rückseite einer Seitenfläche klebt man nun rechts und links jeweils einen Papierwinkel mit einer Längshälfte an und setzt die beiden anderen Seitenflächen entsprechend dagegen (Zeichnung). Diese Seiten werden zum Schluß mit dem dritten Winkel zu einem dreieckigen Leuchter verbunden. Die Motive leuchten bei Kerzenschein.

TIP: *Um Brandgefahr zu vermeiden, das Teelicht in ein leeres Marmeladenglas setzen und erst dann in den Leuchter stellen.*

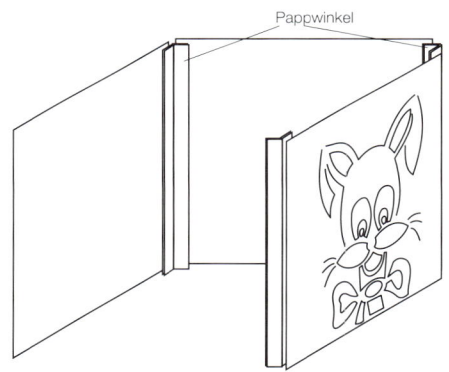
Pappwinkel

Weiterführende Ideen

◆ VIERECKIGER LEUCHTER: Fügt man eine weitere verzierte oder unverzierte Tonkartonseite dazu und setzt einen weiteren Winkel an, entsteht ein viereckiger Leuchter.

◆ LEUCHTER FÜR JEDEN ANLASS: Die Tonkartonseiten lassen sich mit ganz unterschiedlichen Motiven ausgestalten. So kann man für saisonbedingte Feiertage, aber auch für persönliche Feste wie Hochzeit, Geburtstag oder Taufe passende Leuchter anfertigen.

Ostern

Bunter Blumentopf

**Mit dieser einfachen Papierarbeit ist schnell
ein dekorativer Osterschmuck angefertigt.
Durch dichtes Aneinandersetzen der Schablonen läßt
sich das platzsparende Ausschneiden üben.**

ALTER *ab € Jahren*

DAUER *Blume: ca. 10 Minuten, Ei
und Hase: je 15 bis 20 Minuten*

MATERIAL & WERKZEUG *Für Blumen, Hasen und
Eier: Kopierpapier in verschiedenen Farben, brauner Tonkarton oder festes braunes Tonpapier,
ein Stück Karton für die Ei-Schablone,
Schere, Bleistift, kleine Untertasse,
kleine runde Vorlage (z.B. Fünfmarkstück oder kleine Dose), Klebstoff,
Konzeptpapier, schwarzer Filzstift,
evtl. Bürolocher
Für den Topf: Blumentopf aus Ton,
Sand oder Kies zum Füllen, dünne
Rundhölzer oder Holzstäbe (Durchmesser 3 mm)*

Für die Herstellung von zwei Blumen
und zwei Eiern reicht bei sparsamem
Ausschneiden ein DIN-A-4-Bogen
Kopierpapier aus. Es genügt daher,
wenn jedes Kind zunächst zwei
oder drei Bogen in beliebigen Farben erhält.

Blumen

Die Untertasse umdrehen, auf das
Papier legen und mit dem Bleistift
umfahren (Zeichnung 1). Den Kreis
ausschneiden und in der Mitte falten
(Zeichnung 2). Den Halbkreis erneut
in der Mitte falten (Zeichnung 3),
das so entstandene Viertel noch
einmal halbieren (Zeichnung 4).
Von beiden Rändern aus je eine
halbmondförmige Linie einzeichnen,
die sich in der Mitte trifft, und oben

die Mitte herausschneiden (Zeichnung 5). Beim Auffalten erhält man
nun eine Blume mit acht Blütenblättern.
Aus andersfarbigem Papier zwei
kleinere Kreise in der Größe eines
Fünfmarkstücks ausschneiden und
in die Mitte der Blüte kleben. Dabei
auf einer Seite noch einen kleinen
Holzstab dazwischenkleben.

Eier

Aus dem Stück Karton eine ovale
Schablone für die Eier anfertigen
(siehe auch „Eimobile", Seite 194).
Sie werden dann aus Kopierpapier
in verschiedenen Farben paarweise
ausgeschnitten. Aus den dabei entstehenden Papierresten die bunten
Verzierungen schneiden: Drei- oder
Vierecke, kleine Streifen oder
Punkte. Letztere lassen sich auch
gut mit einem Bürolocher herstellen. Die Eier damit bekleben. Zum
Schluß jeweils zwei Eier der gleichen Farbe zusammenfügen und
ein Holzstäbchen mit einkleben.

Osterhase

Der Hase wird aus Tonkarton gearbeitet (Kopierpapier ist hierfür
nicht stabil genug). Zunächst den

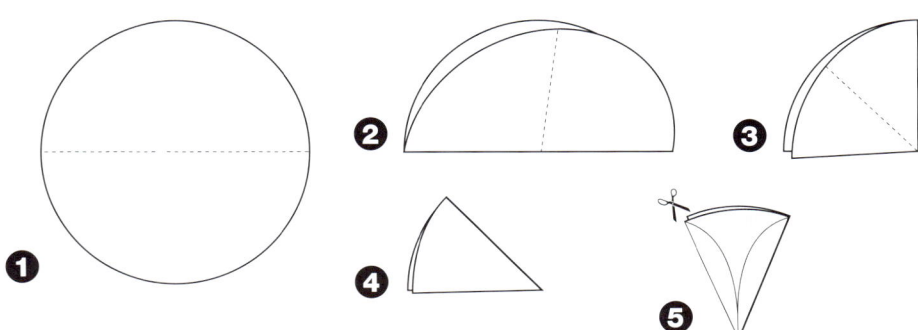

Hasen auf Konzeptpapier vorzeichnen. Er sollte etwas größer sein als die Blumen und die Eier, dann die Vorlage ausschneiden. Den Tonkarton in der Hälfte falten, die Hasenform darauf übertragen und doppelt ausschneiden. Aus weißem Papier die Augen, aus schwarzem die Schnurrbarthaare schneiden und beides auf der Vorderseite aufkleben, mit dem schwarzen Filzstift noch Pupillen und Nase aufmalen. Bei der zweiten Hasenform kann man ein weißes Schwänzchen anbringen. Die beiden Teile zusammenkleben, das Holzstäbchen dazwischenlegen.

Fertigstellung

Den Blumentopf mit Sand oder Kies füllen, dann die Blumen, Eier und den Hasen einfach hineinstecken. Nach Wunsch können Gras oder Blätter ausgeschnitten und hinzugefügt werden.

Weiterführende Ideen

◆ ZUSÄTZLICHE DEKORATIONEN FÜR DEN BLUMENTOPF: Bei der Ausgestaltung dieses Osterblumentopfes sind der Phantasie keine Grenzen gesetzt. Schmetterlinge, Hühner, Küken und weitere Blumenformen wie Tulpen können aus Papier ausgeschnitten, auf ein Stäbchen geklebt und dazugesteckt werden. Die Former dürfen jedoch nicht zu groß sein, sonst biegen sie sich durch. Oder man muß mit festerem Papier arbeiten. Hübsch sieht es aus, wenn der Tontopf, z.B. mit Abtönfarben, bunt bemalt wird.

189

Hase mit Holzperlenkopf

**Für Kinder gehören zu jeder Osterdekoration fröhliche Osterhasen.
Man kann sie an Frühlingssträuße hängen, auf den Ostertisch stellen oder einfach als Wandschmuck anbringen.**

ALTER *ab 8 Jahren*

DAUER *ca. 1 Stunde*

MATERIAL & WERKZEUG *pro Hase 1 unlackierte Holzperle (Durchmesser ca. 3 cm), ein Stück Karton, Zirkel, Schere, Wollreste, Filzreste, Stopfnadel, Klebstoff, dünner Pinsel, Deck- oder Abtönfarben*

Für diese kleinen Osterhasen kann man Wollreste verwenden, die Perlengesichter lassen sich hübsch bemalen. Die Herstellung dieser Hasen erfordert recht viel Zeit, es werden Konzentrationsfähigkeit und Ausdauer gefördert.

Bauch aus Wolle

Für den Bauch aus Wolle mit dem Zirkel zwei Kreise von 5 cm Durchmesser auf den Karton zeichnen. In beide mit demselben Mittelpunkt zwei Kreise von 2 cm Durchmesser setzen. Beide Kreise zunächst am äußeren Rand, dann im Kreisinneren ausschneiden. Die Scheiben aufeinanderlegen und mit Wolle fest umwickeln. Dabei zieht man einen Wollfaden immer wieder durch das Loch in der Mitte und wickelt ihn um den Karton. Wenn der Kreis vollständig umwickelt ist und mehrere Wollschichten über-

einanderliegen, die Wolle rundum am Rand aufschneiden und einen Kartonkreis vorsichtig herausziehen. Mit einem Extrafaden die Wollfäden nahe dem verbleibenden Karton fest umwickeln und den Faden verknoten. Jetzt kann auch der zweite Karton entfernt werden. Die aus dem Wollknäuel hervorstehenden Fäden abschneiden, den Extrafaden jedoch lang lassen.

Perlenkopf

Den Abbindefaden mit der Stopfnadel so weit durch die Perle ziehen, bis sie als Hasenkopf auf dem Bauch sitzt, dann an die untere Öffnung der Perle ein wenig Klebstoff geben. Den Faden verknoten, er dient als Aufhängung. Ohren aus Filz zuschneiden und mit wenig Klebstoff in die Perlenöffnung kleben. Jetzt kann ein Hasengesicht auf die Holzperle gemalt werden.

Weiterführende Ideen

◆ OSTERHASEN AUS WOLLE:
Die Hasen können auch vollständig aus Wolle angefertigt werden. Dann muß man die Wollbommel in zwei verschiedenen Größen für Kopf und Körper herstellen.

◆ OSTERHASE AUS HOLZPERLEN:
Zwei Holzperlen, z.B. eine längliche und eine runde, ergeben ebenfalls eine schöne Hasenfigur. Die Perlen werden mit Hilfe eines kleinen Stückchens Filz aneinandergeklebt. Durch das Kopfstück muß zuvor ein Aufhängefaden geführt werden.

Hase aus Holz

Durch die individuellen Entwürfe der Kinder entstehen verschiedene Hasenformen. Der Umgang mit der Laubsäge erfordert feinmotorisches Geschick. Diese Anhänger sehen an Ostersträußen besonders dekorativ aus.

 **ALTER** *ab 3 Jahren*

DAUER *ca. 1 Stunde*

MATERIAL & WERKZEUG *Bleistift, Konzeptpapier, Holzplatte (5 mm dick, in ca. 10 x 15 cm große Stücke gesägt), Laubsäge, Schraubzwingen, Handbohrer (Holzbohrer Nr. 3), Schmirgelpapier, Pinsel, Deckfarbe, Bienenwachs oder Lack auf Naturstoffbasis, Lappen, Band oder Faden*

Auf die Holzplatte wird eine einfache Hasenform aufgezeichnet (evtl. zuerst auf Papier üben). Das Holz mit Schraubzwingen am Tisch befestigen, so daß die Form mit der Laubsäge ausgesägt werden kann (siehe Seite 86). Mit dem Handbohrer anschließend ein Loch für die Aufhängung bohren, am besten in das Kopfteil zwischen die Ohren. Den ausgesägten Hasen an allen Kanten glattschmirgeln. Mit Farben kann er dann nach Wunsch bemalt werden. Zum Schluß Bienenwachs auftragen. Ein Band oder einen Faden als Aufhängung durch das Loch ziehen.

Weiterführende Ideen

◆ VERSCHIEDENE OSTERMOTIVE: Anstelle von Hasen können natürlich auch Küken, Ostereier oder Blumen ausgesägt werden.

◆ NATURBELASSENE HOLZANHÄNGER: Man kann die ausgesägten Teile auch einfach nur mit Bienenwachs nachbehandeln und auf die Bemalung verzichten. Das Holz wirkt auch so sehr schön.

◆ OSTERHASEN ALS WANDSCHMUCK: Größere Hasen können ebenfalls aus Sperrholz ausgesägt werden. Bemalt oder unbemalt sind sie ein hübscher Wandschmuck.

Hase aus Ton

Diese hübschen Tonhasen schmücken jedes Zimmer. Man sollte mit den Kindern die Gestaltungsmerkmale des Hasen (lange Ohren, Nase, Barthaare) erarbeiten und auf die Darstellung der Details hinweisen.

ALTER *cb 6 Jahren*

DAUER *ca. 30 Minuten (nur Modellieren)*

MATERIAL & WERKZEUG *feiner Ton, Töpferwerkzeug (siehe Seite 102), Glasuren oder Engoben in Weiß, Schwarz und Braun, Pinsel, Brennofen*

Zur Technik des Töpferns siehe Seite 104. Den gut geschlagenen und gekneteten Ton zu einer etwas mehr als daumendicken Rolle (etwa 6 cm hoch) formen.

Die Tonrolle sollte nicht zu dick sein, sonst platzt sie beim Brennen. Größere Hasenmodelle (etwa 10 cm hoch und 5 cm dick) müssen ausgehöhlt werden.
Die Rolle senkrecht aufsetzen und leicht drücken, bis sie gut steht. Den Kopf entweder direkt aus dem Körper herausformen oder eine Kugel rollen, aufsetzen und sehr gut verstreichen. Die großen Hasenohren extra formen und an den Kopf setzen. Hier ist es wichtig, daß die Verbindung sehr gut verstrichen wird, sonst brechen die

Ohren später ab. Auch muß man darauf achten, daß die kleine Hasenfigur durch die Größe der Ohren nicht das Gleichgewicht verliert. Dann Schwanz, Augen und Pfoten hinzufügen.
Den Tonhasen trocknen lassen, brennen, anschließend nach Belieben mit den Glasuren oder Engoben ausgestalten und erneut brennen (siehe Seite 110 ff).

Weiterführende Ideen

◆ OSTERHASENANHÄNGER AUS TON: Für den Osterstrauß kann man schnell und einfach Anhänger in Osterhasenform herstellen, wenn man sie aus einer etwa 0,5 cm dicken Tonplatte mit Teigförmchen aussticht. Es gibt Motive für sitzende oder laufende Hasen in verschiedenen Größen. Das Loch für den Aufhängefaden nicht vergessen: Es wird am besten mit einem Streichholz in den Anhänger gebohrt.
◆ OSTERHASEN AUS SALZTEIG: Statt Ton kann man für die Osterhasen auch Salzteig verwenden. Er eignet sich aber nur für die flachen Ausstecher in Hasenform und nicht für die großen Hasenfiguren.

Ostermobile

Es empfiehlt sich, dieses Mobile mit älteren Kinder
zu basteln, da die geometrischen Formen recht abstrakt wirken
und von der kindlichen Vorstellung von „typischen"
Ostermotiven abweichen. Das Schneiden erfordert Übung
und Kraft, daher sollten die Eier nicht alle
an einem Tag angefertigt werden.

ALTER *ab 9 Jahren*

DAUER *ca. 2 x 1,5 Stunden*

MATERIAL & WERKZEUG *Tonkarton in verschiedenen Farben, ein Stück feste Pappe oder Karton für die Schablone, Schere, Cutter, Bleistift, Metallineal, Rundholz (Durchmesser 3 mm), schwarzer Zwirnsfaden, Nähnadel, Zeitungen als Unterlage*

Dieses Mobile besteht aus verschieden gestalteten Ostereiern, die aus Tonkarton ausgeschnitten werden. Die Größe des Mobiles ist variabel, es sollte aber aus mindestens zwölf Einzelelementen bestehen.
Das Arbeiten mit dem Cutter ist nicht ungefährlich und sollte mit den Kindern ausführlich besprochen werden.

Anfertigen der Schablone

Zunächst aus einem Stück fester Pappe ein Oval als Ei-Schablone zurechtschneiden. Dafür wird ein Kreis als Ausgangsform gewählt (Tassenrand, Dosenrand o.ä.) und oben und unten ein verlängernder Halbkreis angezeichnet.

Ausschneiden und Verzieren der Eier

Die Schablone auf den Tonkarton in der gewünschten Farbe legen, mit Bleistift umfahren und die Eiformen sorgfältig ausschneiden. Jetzt können die Eier nach Belieben mit geometrischen Mustern verziert werden. Die Formen (Dreiecke, Rechtecke, Quadrate, etc). mit dem Lineal aufzeichnen und dann vorsichtig mit

dem Cutter ausschneiden. Dabei mehrere Schichten Zeitungspapier als Unterlage auflegen, um die Tischfläche zu schützen.

Bei der Gestaltung der Muster darauf achten, daß rund um das Ei ein mindestens 0,5 cm breiter Rand stehenbleibt. Für gerade Linien kann das Metallineal als Führungsschiene für das Messer dienen (Holz- und Plastiklineale sind dafür nicht geeignet!). Gerade Formen lassen sich leichter ausschneiden als runde, daher sollte man mit ihnen beginnen. Für Kreise benötigt man etwas Übung.
Wenn man mehrere identische Eier anfertigen will, so kann das erste mit dem Muster verzierte Ei als Schablone dienen. Die bereits ausgeschnittenen Motive einfach mit einem Bleistift innen nachfahren.

Fertigstellung

Die fertigen Eier mit gleich langen Fäden versehen. Jedes Ei oben und unten in der Mitte durchstechen, jeweils mit einer Nadel einen Faden durchziehen, verknoten und mit dem nächsten Ei verbinden. Ein Faden verbindet immer nur zwei

Eier, er sollte auf keinen Fall über das ganze Ei gezogen werden. So entstehen gleich lange Eierketten, die man zum Schluß an einem Rundholz befestigt. Das Mobile kann frei in den Raum gehängt werden, es sieht aber auch als Fensterbild sehr hübsch aus.

Weiterführende Ideen

◆ MOBILES MIT ANDEREN OSTERMOTIVEN: Auch andere Oster- oder Frühlingsmotive können für ein Mobile aus Tonpapier ausgeschnitten werden, z.B. Küken, Hühner oder verschiedene Blumen.

Ostereier gestalten

Ausgeblasene Eier können bemalt, gebatikt und auf vielfältige andere Weise dekoriert werden.

MATERIAL & WERKZEUG *Eier, Seifenlauge, spitzes Küchenmesser, Schaschlikspieß, leerer Eierkarton, Streichhölzer ohne Kopf, Faden, Schere*

◆ *TIP: Die Eier rechtzeitig vor Ostern nach und nach ausblasen. Sonst fällt zu viel Ei auf dem Speiseplan an.*

Grundtechnik

Das Ausschmücken der zarten, zerbrechlichen Eierschalen ist stets eine faszinierende Arbeit. Man kann sich bei sorgsamer Behandlung viele Jahre an dem hübschen Osterschmuck freuen.

Vorbereitung der Eier

Zunächst die Eier in warmer Seifenlauge reinigen, um Schmutz- und Fettreste zu entfernen. Dann zum Ausblasen an beiden Enden mit der Spitze eines Küchenmessers die Schale vorsichtig anklopfen und durchstechen. So entstehen kleine Löcher. Die Eier lassen sich leichter ausblasen, wenn man den Eidotter mit einem Schaschlikspieß leicht ansticht, so daß er ausläuft. Die leergeblasenen Eier noch einmal in der Seifenlauge abspülen und zum Trocknen in einen Eierkarton setzen.

Aufhängung

Zum Aufhängen der Eier einen Faden um ein Streichholz knoten und in das Ei stecken. Anschließend leicht schütteln, damit sich das Hölzchen waagerecht stellt.

Eier in Karobatik

ALTER *ab 6 Jahren*

DAUER *ca. 30 Minuten*

MATERIAL & WERKZEUG *siehe linke Spalte, zusätzlich: Eier-Kaltfarben, eventuell Essig, mindestens 4 flache Schalen mit Deckel (z.B. von der Fleisch- oder Käsetheke oder von Salatbars), Filzstift*

Diese Färbetechnik zeigt schnelle Erfolge. Die Reaktion der Farben zu beobachten, ist für viele Kinder ein wichtiges Erlebnis. Sie lernen schnell, welche Farben aus den verschiedenen Kombinationen entstehen und können bald selbst ganz bewußt bestimmte Effekte erzielen. Erfolge sind bei dieser Technik eigentlich immer garantiert, da das handwerkliche Geschick eine untergeordnete Rolle spielt.

Vorbereitung der Färbeschalen

Zuerst die vier Plastikschalen vorbereiten, die als Färbegefäße dienen sollen. Dazu zeichnet man auf zwei der Deckel mit dem wasserfesten Filzstift einen Kreis von ca. 4 cm Durchmesser, auf die anderen zwei Deckel ein Oval von ca. 5 cm Länge und 3,5 cm Breite. Kreise und Ovale sorgfältig ausschneiden. Wenn sehr große Eier verwendet werden, müssen die Ovale und Kreise möglicherweise nachträglich etwas vergrößert werden. (Vorsicht: Kleine Eier fallen dann durch!)

Färben

Anschließend die Eierfarben mit etwas weniger Wasser als angegeben anrühren. Jeweils eine Farbe in eines der Schälchen füllen und den Deckel daraufsetzen. Vier gewaschene und ausgeblasene Eier können nun gleichzeitig auf die Schalen verteilt werden. Davon zwei Eier mit der langen Seite auf das Oval legen und zwei senkrecht in die Kreise stecken.
Die zu färbenden Seiten der Eier müssen gut in der Farbe liegen, bei Bedarf mehr Farbwasser in die Plastikschalen füllen.
Die Eier bis zur gewünschten Farbtiefe einfärben, anschließend die Eier austauschen und eine noch

nicht gefärbte Seite in eine andere Farbe legen. Einzelne Farbabschnitte überlagern sich und es entstehen schöne Karomuster. Besonders hübsche Effekte erzielt man, wenn sich blaue und gelbe Flächen zu Grün vermischen. Aus Rot und Blau entsteht ein schönes Violett. Die Eier immer

wieder drehen und austauschen, bis sie rundherum eingefärbt sind.

Fertigstellung

Die gefärbten Eier werden anschließend im Eierkarton getrocknet und dann mit einem Aufhängefaden versehen.

Eier in Wachsbatik

Bei den mit Wachs betropften Eiern werden durch die verschiedenen Färbegänge Mischtöne erzielt. Die Wachstechnik regt die Kinder zum Experimentieren an.

 **ALTER**   *ab 7 Jahren*

 **DAUER**   *ca. 45 Minuten*

MATERIAL & WERKZEUG   *siehe Seite 198, zusätzlich: Kerzenreste, Feuerzeug, Eier-Kaltfarben, eventuell Essig, ein sauberes Tuch, Konservendosen, Gummihandschuhe, ein Stück Draht, Küchenmesser*

Wachsbatik

Die Kinder lernen hier das Prinzip der Wachsbatik kennen: Mit Wachs abgedeckte Stellen werden nicht eingefärbt. Durch das Eintauchen der Eier in die verschiedenen Farbbäder entstehenden neue Farbtöne.

Die Eier waschen und ausblasen, siehe Seite 196. Die Eierfarben laut Anleitung anrühren, am besten in sauberen Konservendosen. Die Kerzen anzünden und das Wachs auf die Eier tropfen. Vorsicht bei der Arbeit mit dem heißen Wachs! Man sollte zunächst nur wenige Wachstropfen auf die Eier geben und sie dann in einer hellen Farbe einfärben, dazu Gummihandschuhe benutzen. Das Färben ist einfach, wenn man einen Draht durch das Ei zieht und die Enden miteinander verdreht.

Nachbehandlung

Die eingefärbten Eier trocknen lassen. Weiteres Wachs auftropfen und die Eier in die nächst dunklere Farbe tauchen. Die schönsten Ergebnisse erzielt man bei drei- oder viermaligem Färben. Sobald die Eier nach dem letzten Färbegang getrocknet sind, das Wachs mit einem warmen, trockenen Tuch entfernen. Gelingt das nicht, kann man ein Küchenmesser zu Hilfe nehmen. Anschließend mit einem Aufhängefaden versehen, siehe Seite 196.

Weiterführende Ideen

◆ BEMALTE EIER IN DER WACHSBATIK: Anstatt die mit Wachs betropften Eier im Farbbad einzufärben, kann man sie auch mit Abtön- oder Plakatfarben bemalen. Deckfarben sind nicht geeignet. Zum Bemalen die Eier zwischen zwei Korkenscheiben auf einen Schaschlikspieß stecken.

Eier mit Bleistiftzeichnung

**Die Gestaltung von Eiern durch Bleistiftzeichnungen
ist eine einfache und wirkungsvolle Technik.
Für die Zeichnungen sollte den Kindern genügend Zeit
zur Verfügung stehen.**

ALTER *ab 8 Jahren*

DAUER *ca. 1 Stunde*

MATERIAL & HILFSMITTEL *siehe Seite 196, zusätzlich: weicher Bleistift, Radiergummi, Lappen*

**TIP:** *Beim Bemalen nicht auf bereits gestaltete Flächen fassen, denn die Bleistiftzeichnung verwischt leicht.*

Das ausgeblasene und gewaschene Ei , siehe Seite 196, hält man beim Bemalen am besten zwischen Daumen und Mittelfinger. Das gewünschte Motiv wird zunächst dünn auf das Ei vorgezeichnet, dabei ist es wichtig, daß die Bemalung rund um das Ei und von oben bis nach unten reicht. Kinder neigen zu einer „bodenorientierten" Darstellungsweise, die weniger dekorativ wirkt.
Nach Anfertigung der Skizze dann mit kräftiger Bleistiftführung die Motive nachzeichnen und schraffieren.

Korrekturen können mit einem Radiergummi vorgenommen werden. Allzu oft sollte das jedoch nicht geschehen, da sich das Ei verfärben kann und die Radiergummispuren schlecht zu entfernen sind. Die verzierten Eier sollten nur mit einem sauberen Lappen angefaßt werden. Dadurch wird verhindert, daß die Bleistiftzeichnung verwischt.
An die Eier abschließend einen Aufhängefaden anbringen, siehe Seite 196.

Weiterführende Ideen

◆ ABSTRAKTE MOTIVE: Neben den bekannten Ostermotiven aus der Natur können auch abstrakte Muster gestaltet werden, z.B. in Form eines Musterbandes. Das sieht hübsch aus und ist schnell gezeichnet.

◆ BESCHRIFTETE EIER: Bleistifteier werden durch eine nette Beschriftung, z.B. Namen, zu originellen, ganz persönlichen Ostergeschenken. Sie können auch als Geschenkgutscheine eingesetzt werden.

Eier mit Abtönfarbe

Hier wurde bewußt von der Bemalung mit traditionellen österlichen Motiven abgesehen.
Diese geometrische Ausgestaltung der Eier spricht ältere Kinder an, obwohl natürlich auch schon die kleinsten mit Abtönfarben arbeiten können.

ALTER *ab 8 Jahren*

DAUER *ca. 2 Stunden*

 MATERIAL & HILFSMITTEL *siehe Seite 196, zusätzlich: Abtönfarbe, Bleistift, Pinsel, Wassergefäß, Zeitungen, Schaschlikspieße, Korkenstücke, evtl. Spülmittel*

Vorzeichnung

Zunächst das ausgeblasene und sauber gewaschene Ei, siehe Seite 196, mit dem Bleistift in kleine geometrische Grundflächen einteilen. Dazu das Ei zwischen Daumen und Mittelfinger festhalten. Wenn alle Farbfelder skizziert sind, ein Korkenstück auf einen Schaschlikspieß stecken und das Ei daraufsetzen. So kann es rundherum leicht bemalt werden.

Bemalung

Nun die einzelnen Felder mit Abtönfarbe ausmalen, dabei nur wenig Wasser verwenden. Wenn die Farbe abperlt, muß die Eischale eventuell noch einmal mit Spülmittel gut abgewaschen oder die Farbe mit weniger Wasser aufgetragen werden.
Zu Beginn keine benachbarten Felder bemalen, damit die Farben nicht ineinanderlaufen. Für den nächsten Farbauftrag warten, bis alle Nachbarfelder getrocknet sind. Am besten mehrere Eier gleichzeitig bearbeiten.

Fertigstellung

Die fertigen Eier werden, wie auf Seite 196 beschrieben, mit einem Aufhängefaden versehen.

Weiterführende Ideen

◆ OSTERSTRAUSS: Unifarbene Eier, die als Kontrast zusätzlich aufgehängt werden, bringen die geometrischen Motive besonders gut zur Wirkung.

◆ EI-GESTALTUNG MIT NUR ZWEI FARBEN: Bei der Arbeit mit Abtönfarbe hat man bei der Farbzusammenstellung einen großen Spielraum. Sehr wirkungsvoll sind auch geometrische Formen, die mit nur zwei Farben oder sogar nur mit Schwarz gestaltet werden.

◆ AUSSCHMÜCKUNG MIT ZUSATZMATERIALIEN: Unifarbene Eier können mit ausgeschnittenen geometrischen Motiven aus Buntpapier beklebt werden.

Ostereierkranz

Diese Arbeit erfordert ein hohes Maß an Ruhe, da die Muster sorgfältig aufgetragen werden müssen.

ALTER *ab 8 Jahren*

DAUER *ca. 3 x 45 Minuten*

 **MATERIAL & WERKZEUG** *5 Eier, Abtönfarbe (je 1 Farbe und Weiß), Pinsel, weißes Geschenkband, feiner Blumendraht (ca. 12 cm), 5 Schaschlikspieße, 2 Korken, kleines Küchenmesser, mit Sand gefülltes Glas (z.B. Marmeladenglas)*

Alle Eier dieses Osterkranzes werden mit derselben Farbe grundiert und dann unterschiedlich bemalt. Das verleiht dem Gesamtbild eine harmonische Note. Auf der unterschiedlichen Mustergestaltung der Eier beruht seine Wirkung.

Bemalung

Die Eier waschen und ausblasen, siehe Seite 196, und alle in demselben Farbton grundieren. Dafür die Korken in Scheiben schneiden, jeweils eine Korkenscheibe auf einen Schaschlikspieß stecken und das Ei daraufsetzen. Jetzt kann es gut von allen Seiten bemalt werden. Manchmal hält die Farbe nicht

sofort auf der Eischale, dann einfach nach dem Trocknen noch einmal komplett übermalen. Zum Trocknen die Spieße in ein mit Sand gefülltes Glas stellen. Die grundierten, getrockneten Eier werden mit Mustern in weißer Farbe dekoriert. Nach Belieben Zacken, Linien, Pünktchen oder Blumen aufmalen. Damit der Kranz harmonisch wirkt, sollten sich die Motive in ihrer Größe nicht zu sehr voneinander unterscheiden.

Anfertigen des Kranzes

Anschließend die fertig ausgestalteten und erneut getrockneten Eier auf das Geschenkband ziehen. Dabei muß sehr vorsichtig gearbeitet werden, denn die Löcher brechen leicht aus. Schön sieht es aus, wenn jedem gemusterten Ei ein undekoriertes, nur in der Grundfarbe eingefärbtes Ei folgt. Zum Auffädeln benötigt man ein Stück feinen Blumendraht von etwa 12 cm Länge. Ein Ende umbiegen und so verdrehen, daß eine große Öse entsteht, und das Geschenkband hindurchziehen. Dickere Bänder können mit dieser „Nadel".

nicht durch die kleinen Löcher gezogen werden. Dann den Draht direkt durch das Geschenkband bohren und mit diesem verdrehen. Die Enden des Geschenkbandes miteinander verknoten. Ein weiteres Stück Band wird als Aufhängung extra angebunden.

Weiterführende Ideen

◆ EIERKRANZ MIT PERLEN: Hübsch sieht der Eierkranz aus, wenn man zwischen die Eier eine oder mehrere Perlen auffädelt. Das können Holz-, aber auch selbst hergestellte Salzteig- oder Papierperlen sein (Papierperlen, Seite 32 und Perlenkette aus Salzteig, Seite 168). Wird eine größere Anzahl Eier aufgezogen, sollte anstelle von Geschenkband Blumendraht gewählt werden, er verleiht dem Kranz einen stärkeren Halt. Da Draht nicht sehr dekorativ aussieht, Perlen als Verbindungsglieder zwischen den Eiern auffädeln.

Weihnachten

Knusperhäuschen

Bei diesem Häuschen macht das Bauen besonderen Spaß.
Es sieht hübsch aus und schmeckt dazu noch gut!
Die Kinder sollten zum sparsamen Gebrauch
der Lebensmittel angehalten werden.

ALTER *ab 8 Jahren*

DAUER *ca. 15 bis 20 Minuten*

 **MATERIAL & WERKZEUG** *für 1 Häuschen: 2 eckige Butterkekse, 1 Dominostein, 1 Haselnuß, Puderzucker, kleine Schale, kleiner Löffel, kleines Sieb, scharfes Messer, eventuell Zahnstocher*

◆ *TIP: Wenn das Dach gar nicht hält, ist der Zuckerbrei zu flüssig. Mit etwas Puderzucker wieder verdicken.*

Vorbereitende Arbeiten

Man benötigt pro Kind Material für zwei bis drei Häuschen und sollte überzählige Kekse bereithalten, da diese erfahrungsgemäß bei der Herstellung des Daches an der falschen Stelle zerbrechen. Außerdem werden natürlich auch einige Materialien frühzeitig verspeist. Zunächst „Klebstoff" herstellen: Dafür etwas Puderzucker mit sehr wenig Wasser (einige Tropfen) in dem Schälchen zu einem festen Brei verrühren.

Bauen des Häuschens

Ein ganzer Keks dient als „Grundstück", auf dem in der Mitte ein Dominostein mit dem Zuckerbrei festgeklebt wird. Den anderen Keks vorsichtig in der Mitte halbieren. Das ist nicht ganz einfach, am besten geht es mit einem scharfen Messer. Die beiden Keksteile bilden das Dach und werden im spitzen Winkel mit dem Brei auf den Dominostein geklebt. Das Dach einen Moment festdrücken, bis es nicht mehr abrutscht.

Ausgestaltung

Nun eine Haselnuß vorsichtig als Schornstein auf dem Dach anbringen. Für die „Eiszapfen" dickflüssigen Puderzucker an den Rändern des Daches heruntertropfen lassen. Oder einen dicken Streifen Zuckerguß an den Dachrändern verteilen und mit einem Zahnstocher „Eiszapfen" nach unten ziehen. Zum Schluß das ganze Häuschen mit Puderzucker bestäuben, so daß es wie verschneit aussieht.

Weiterführende Ideen

◆ VERZIERTE HÄUSER: Kindern macht es besonders viel Freude, ihr Häuschen mit Zuckerschrift zu verschönern. Manche dekorieren es mit ausgefallenen Mustern, andere schreiben Namen auf das Dach und verwenden es als Tischkärtchen. Das erfordert allerdings schon einiges Geschick.

Karten aus Tonpapier

Aus bedrucktem, beklebtem oder zugeschnittenem Tonpapier können dekorative Grußkarten angefertigt werden. Mit weihnachtlichen Motiven ausgestaltet, sind diese Karten ein ganz persönliches Geschenk.

ALTER *ab 6 Jahren*

DAUER *pro Karte: 10 bis 20 Minuten*

MATERIAL & WERKZEUG *Tonpapier in verschiedenen Farben, Zeichen- oder Kopierpapier im DIN-A4-Format, Schere, Bleistift, Klebstoff, kleiner Spiegel*

Das Arbeiten mit symmetrischen Formen wirkt raffiniert und dekorativ, dabei ist die Herstellung der Karten einfach. Traditionelle weihnachtliche Motive sehen hier etwas verfremdet und sehr reizvoll aus. Immer wieder sind die Kinder fasziniert, daß man aus einem halben gezeichneten Motiv ein ganzes herstellen kann. Wichtig sind bei dieser Technik die sorgfältigen Umrißzeichnungen und ein sauberes Schneiden, sonst ist das Ergebnis unbefriedigend. Wenn man über die reine Bastelarbeit hinausgehen möchte, kann hier spielerisch das Prinzip der Spiegelung (Geometrie) geübt werden. Jedes Kind erhält einen rahmenlosen Handspiegel, den es senkrecht in die Mitte eines Motives stellt (Zeichnung 2). Ergänzt das Spiegelbild die Figur zu einer vollständigen Form, eignet sich das Motiv in der Regel als Vorlage für diese Karten.

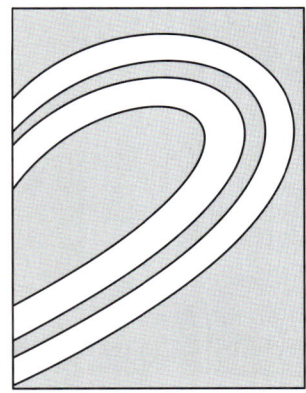

❶

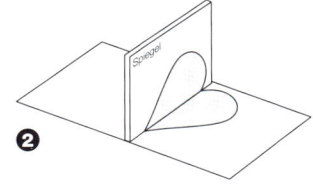

❷

Motivgestaltung

Einen DIN-A4-Bogen Zeichenpapier in der Mitte falten, so daß eine Doppelkarte DIN-A5 entsteht.
Ein einfach gehaltenes Motiv wie ein Herz, einen Stern, einen Tannenbaum oder eine Glocke als Motivhälfte großflächig auf Tonpapier aufzeichnen (Zeichnung 1). Auch geometrische Motive wie Kreise, Quadrate oder Rauten eignen sich für diese Technik. Die Figuren müssen jedoch immer symmetrisch sein, das heißt, man muß sie mit Hilfe eines Spiegels zu einer vollständigen Form ergänzen können. Bei Buchstaben eignet sich für diese Technik ein großes „A", aber nicht das „F", als Zahl läßt sich nur die 8 korrekt darstellen.
Das gewählte Motiv nun in immer kleiner werdenden Formen in den ersten Umriß hineinzeichnen (Zeichnung 1). Dabei sollte zwischen den Formen jeweils ein Abstand von mindestens 0,5 cm und höchstens 1 cm eingehalten werden, die Abstände sollten auch immer gleich breit sein.

Ausschneiden und Aufkleben

Mit der Schere dann die vorgezeichneten Umrisse sorgfältig ausschneiden und so auf die Doppelkarte kleben, daß eine komplette Form entsteht. So wird der äußerste Umriß z.B. auf der linken Kartenhälfte aufgeklebt, der nächst kleinere spiegelverkehrt auf der rechten Seite dagegengesetzt, der dritte wieder links und der vierte spiegelverkehrt dann rechts angebracht. So fortfahren, bis das Motiv vollständig aufgeklebt ist.

Weiterführende Ideen

◆ GRUSSKARTEN ZU JEDER GELEGENHEIT: Mit dieser einfachen Technik lassen sich Grußkarten für viele Anlässe wie Geburtstag, Geburt, Hochzeit, Muttertag oder Ostern anfertigen. Wenn man die einfachen Motive beherrscht, kann man sich auch an kompliziertere Formen wagen wie z.B. den Umriß eines Teddybären.

Grußkarte mit Wellpappe

Vorzeichnen, ausschneiden, aufkleben –
so schnell werden diese Weihnachtskarten angefertigt!
Verpackungsmaterial wird hier durch die Verwendung für
Weihnachtskarten sinnvoll weiterverarbeitet.

ALTER *ab 6 Jahren*

DAUER *pro Karte: ca. 10 Minuten*

 *feingerippte Wellpappe (z.B. von großen Briefumschlägen oder von Verpackungsmaterial), Briefpapier oder Briefkarten, Schere, Klebstoff, Bleistift, nach Wunsch Farbstifte*

Werden Grußkarten mit Wellpappe im Unterricht gebastelt, sollte man besonders auf die Linienführung eingehen: Welche Motive wirken am besten mit Längsstreifen, welche mit Querstreifen? Welche Effekte ergeben sich durch eine unterschiedliche Linienführung? Auch die unterstützende Wirkung durch Farben sollte ausprobiert und besprochen werden.

Die mit Wellpappe verzierten Weihnachtskarten sind einfach herzustellen. Auf die Rückseite der Wellpappe das gewünschte weihnachtliche Motiv aufzeichnen und ausschneiden.
Zu einem Tannenbaum passen eher senkrechte Linien, bei einem Stern hingegen ist die Linienführung beliebig. Die ausgeschnittenen Formen auf das Briefpapier oder die Briefkarte aufkleben und nach Geschmack mit Farbstiften oder aufgeklebten Motiven verzieren.

Weiterführende Ideen

◆ FARBIG AUSGESTALTETE MOTIVE: Mit Plakat-Farben kann man die Wellpappe farbig gestalten. Wenn man nur die hochstehenden oder die tiefliegenden Rippen farbig nachfährt, ergeben sich hübsche Effekte.

◆ MOTIVE IN PUZZLETECHNIK: Mit Geduld und etwas Phantasie kann man ein Motiv aus verschiedenen Einzelteilen gestalten und dabei den Linienverlauf der Wellpappe unterschiedlich einsetzen. So entsteht z.B. ein halb längs, halb quer gestreiftes Herz. Geometrische Formen wirken bei dieser Technik am besten.

Adventskalender

Dieser riesengroße Adventskalender ist für das Klassenzimmer oder den Gruppenraum geeignet. Die Zahlen der jeweiligen Adventstage werden verlost.

ALTER *ab 6 Jahren*

DAUER *ca. 2 Stunden*

 **MATERIAL & WERKZEUG** *24 Joghurtgläser mit Schraubdeckel, rotes Klebeband, 2 Leisten, ca. 4 x 4 cm, 80 cm lang, rotes Tonpapier, Kreppband, Streifen aus rotem Seidenpapier und weiteres Seidenpapier für die Päckchen, glänzende Stoffreste, rotes Geschenkband, Verpackungsfolien (z.B. von Kaffee oder Pralinen), Bleistift, Schere, Klebstoff, Tannenzapfen, Tannenzweige, Holzbrett, ca. 6 x 50 cm, Holzrest, ca. 15 x 15 cm, ca. 0,5 cm stark, Rundholzstab, ca. 15 cm lang, 6 cm Ø, Laubsäge, Holzleim, Deckfarbe, Pinsel, Bienenwachs, Lappen*

Gläserpyramide

Für die untere Reihe der Pyramide werden sieben Joghurtgläser mit dem Deckel nach unten, eng zwischen die Leisten gestellt: Von einem Kind werden die beiden Leisten festgehalten, ein anderes umwickelt die Gläser zweimal mit Klebeband. Damit der Aufbau stabil wird, die Reihe der Gläser auf das Brett legen und beides nochmals umwickeln. Auch hier wieder zu zweit arbeiten.

Die weiteren Gläserreihen (jeweils sechs, fünf, vier und zwei Gläser ebenfalls mit dem Klebeband umwickeln.

Holzstern

Aus dem Holzrest einen Stern mit der Laubsäge aussägen, siehe Seite 86. Den Rundholzstab mit Holzleim an der Rückseite des Sterns befestigen und beides mit Deckfarbe bemalen. Nach dem Trocknen wird mit dem Lappen das Bienenwachs aufgetragen. Den Stab zwischen die beiden obersten Gläser klemmen. Alternativ kann anstelle des Holzsterns auch ein Stern aus Karton oder Pappe verwendet werden.

Fertigstellung

Alle Gläserreihen aufeinanderstellen und fest mit Klebeband umwickeln. Zur Dekoration nochmals mit einem langen Streifen Seidenpaier umkleben.

Alle Deckel von den Joghurtgäsern abschrauben und mit einem entsprechend großen Kreis aus rotem Tonpapier bekleben.

Aus den Folien- und Stoffresten werden die Zahlen 1 bis 24 ausgeschnitten und jeweils auf einen roten Kreis geklebt.

Den Adventskalender mit Tannenzapfen und -zweigen ausschmücken und an einem geeigneten Platz aufstellen.

Dieser Adventskalender kann jedes Jahr wieder verwendet werden. Die Gläseröffnungen sind groß genug, um kleine Geschenke und Süßigkeiten darin unterzubringen.

Päckchen

Die kleinen Geschenke werden am besten mit Seidenpaier in verschiedenen Farben verpackt. Dies sieht sehr hübsch aus, da in die Gläser seitlich hineingesehen werden kann.

Stern aus Transparentpapier

**Die einzelnen Faltschritte für diesen Stern
sind einfach, erfordern jedoch sorgfältiges Arbeiten.
Die Konzentrationsfähigkeit der Kinder
wird dadurch gefördert.**

ALTER	*ab 7 Jahren*
DAUER	*ca. 30 Minuten*
MATERIAL & WERKZEUG	*Transparentpapier oder dünnes Japanpapier, Küchenmesser, Klebstoff*

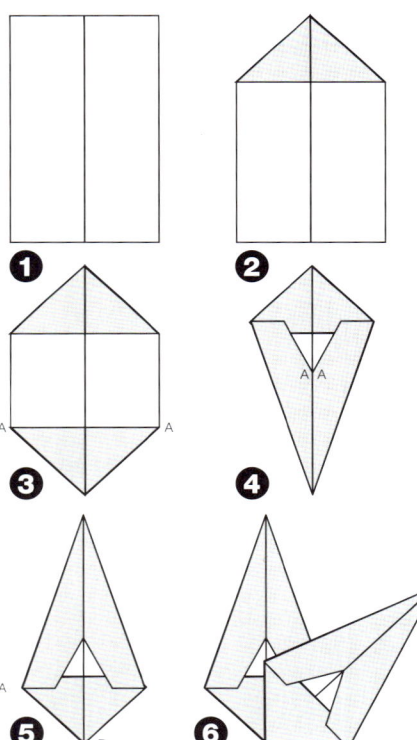

Sterne sind der beliebteste Schmuck zur Weihnachtszeit, sie dürfen in keinem weihnachtlich dekorierten Fenster und an keinem Weihnachtsbaum fehlen. Unter all den vielen Techniken und Materialien, Sterne zu schneiden, zu kleben oder zu falten, entdeckt man immer wieder neue Möglichkeiten, die eigenen Dekorationen zu bereichern. Besonders schön wird dieser gefaltete Stern, wenn man dafür Transparentpapier in einem hellen Farbton verwendet (z.B. Gelb, Rosa, Flieder, Hellblau). Sonst sind die Farbschattierungen, die durch die übereinandergelegten Schichten entstehen, nicht so gut erkennbar.

Vorbereitung des Papiers

Die Größe des Sterns ergibt sich aus der doppelten Länge der Teile. Das kleinste Format, das sich noch gut falten läßt, liegt bei etwa 8,3 x 11 cm. Der fertige Stern ist dann ca. 22 cm groß. Ein DIN-A4-Blatt sollte höchstens geviertelt werden. Einen Bogen Transparentpapier mit dem Küchenmesser halbieren und die beiden Hälften erneut teilen. Die vier Hälften nochmals halbieren, so daß acht gleich große Teile entstehen. Je nach Größe des gekauften Bogens kann man daraus auch zwei Sterne falten, indem man alle Teile noch einmal halbiert.

Falten

Ein Teil nun in der Mitte der Länge nach falten und wieder aufklappen (Zeichnung 1). Am oberen Ende beide Ecken zur Mittellinie hin falten (Zeichnung 2), den Faltvorgang unten wiederholen (Zeichnung 3). Die nun entstandenen Ecken A wiederum zur Mittellinie hin falten, die abstehenden Teile können mit wenig Klebstoff befestigt werden (Zeichnung 4). Anschließend die restlichen sieben Papierteile nach diesem Schema falten.

Zusammenkleben des Sterns

Nun wird der Stern zusammengesetzt: Auf jedes Teil an den Punkten A und B auf der Rückseite (glatte Fläche) etwas Klebstoff auftragen (Zeichnung 5) und auf ein anderes Teil kleben (Zeichnung 6). Das achte Teil wird mit der einen Hälfte auf das siebte, mit der anderen Hälfte auf das erste Teil geklebt, es schließt den Stern.

Stern aus Furnierholz

Beim Schneiden des Furnierholzes müssen die Kinder
konzentriert arbeiten, denn das dünne Holz ist zerbrechlich.
Auch der sichere Umgang mit der Schere ist hier wichtig.

 **ALTER** *ab 9 Jahren*

DAUER *ca. 30 Minuten*

MATERIAL & WERKZEUG *Furnierholzreste (helles und dunkles Holz, aus Bastelgeschäften oder von holzverarbeitenden Fabriken), getrocknete Kiefernzapfen, Bleistift, ein Stück Karton für die Schablone, Schere, Klebstoff, Geschenkband zum Aufhängen*

◆ *TIP: Aus ökologischen Gründen sollten nur einheimische Furnierhölzer verwendet werden.*

Die natürlichen Materialien Holz und Kiefernzapfen machen diesen Stern zu einem ganz besonderen Weihnachtsschmuck. Diese Furnierholzsterne sehen nicht nur dekorativ aus, sie bringen auch Abwechslung in die herkömmlichen Bastelarbeiten für Weihnachten.

Zuschneiden der Blütenblätter

Zunächst aus einem Stück Karton eine Schablone in Form eines Blütenblattes (ca. 5 cm lang) herstellen

(Zeichnung 1). Die Schablone in Richtung der Maserung auf das Furnierholz legen und pro Stern etwa 12mal aufzeichnen. Schön sieht es aus, wenn man sechs Blätter in einem hellen und sechs

Blätter in einem dunklen Furnierholz gestaltet. Die Blütenblätter vorsichtig mit einer Schere ausschneiden.

Kleben des Sterns

Anschließend die Blütenblätter am unteren, stumpfen Ende mit Klebstoff bestreichen und, zum Teil überlappend, in die Kiefernzapfen kleben. Am besten klebt man sie zwischen die letzten beiden Zapfenreihen, da diese den meisten Halt geben (Zeichnung 2). Auf die hellen Blütenblätter können zusätzlich schmale, dunkle Blütenteile aufgeklebt werden. Zum Schluß ein Stück Geschenkband am Zapfen festknoten und mit einem Tropfen Klebstoff sichern. Jetzt kann man den Stern aufhängen.

Weiterführende Ideen

◆ STERNE AUS SCHMALEN HOLZSPITZEN: Anstelle der Blütenblätter können auch schmale Spitzen aus Furnierholz zugeschnitten und in den Zapfen eingeklebt werden. Etwa 15 bis 20 Spitzen ergeben dann einen Stern.

Strohsterne

Die Halme müssen exakt vermessen werden, damit der Stern symmetrisch wird.

ALTER ab 6 Jahren

DAUER pro Stern: ca. 30 Minuten

MATERIAL & WERKZEUG Strohhalme (aus dem Bastelgeschäft), kleines Küchenmesser, Bügeleisen, alte Zeitungen, Schere, Zwirn, Klebstoff

Bei allen hier beschriebenen Sternen können die angegebenen Größen verändert werden. Zu große Sterne wirken allerdings an einem Weihnachtsstrauß oder -baum weniger dekorativ. Besonders klein gearbeitete Sterne sollten nur von älteren Kindern angefertigt werden, da sie viel handwerkliches Geschick erfordern.

Zuerst muß das Stroh vorbereitet werden. Dafür die Halme der Länge nach mit dem Küchenmesser teilen. Das Bügeleisen auf heiß einstellen (Baumwolle/Leinen) und die Halme beidseitig auf den Zeitungen glattbügeln. Dabei läßt sich auch die Strohfarbe verändern: Je länger der Halm gebügelt wird, desto dunkler wird er.

Die gebügelten Halme können jetzt in der gewünschten Länge und Breite zurechtgeschnitten werden.

Eckiger Stern

Die nur kurz glattgebügelten Halme werden in 12 gleichmäßig breite Stücke von 7 cm Länge geschnitten. Je drei Halme zu gleichschenkligen Dreiecken zusammenkleben,

die glänzende Vorderseite des Halmes sollte dabei stets oben liegen. Es werden vier Dreiecke benötigt. Je zwei Dreiecke dann ineinanderschieben und mit einem Tupfer Klebstoff fixieren. Am Schluß die beiden Dreieckspaare übereinanderlegen, ausrichten und mit etwas Klebstoff befestigen.

Eine hübsche Variante ist der sechseckige Stern: Man benötigt statt 12 nur 9 Halme von jeweils 5,5 cm Länge, das Stroh wird zuvor dunkel gebügelt. Drei gleichschenklige Dreiecke anfertigen, mit Klebstoff fixieren und übereinander festkleben (siehe Abb. Seite 225).

12-Spitzen-Stern

Dieser einfache Strohstern (siehe Abb. unten) eignet sich besonders für jüngere Kinder. Die Halme werden durch kurzes oder langes Bügeln unterschiedlich gefärbt. Man benötigt sechs Strohstücke, die auf mindestens 0,5 cm Breite und 7 cm Länge zurechtgeschnitten sind. Die Halme kreuzförmig übereinander legen und zwischen Zeigefinger und Daumen festhalten. Alle

◆ **TIP:** Nasses Stroh nimmt beim Bügeln schneller eine dunkle Farbe an.

Halme liegen mit der glänzenden Oberfläche nach oben. Die Fadenführung folgendermaßen arbeiten: Den Zwirn vorsichtig um den ersten Halm führen, anziehen und zum nächsten Halm übergehen. Diesen wieder mit dem Faden umschlingen. Auf diese Weise fortfahren, bis alle Halme fixiert sind. Ideal für dieses Vorgehen ist die Arbeit zu zweit. Ein Kind hält den Stern zwischen Daumen und Zeigefinger,

das andere Kind führt den Faden. Den Stern drei bis vier Runden umwickeln, dann den Faden auf der Rückseite verknoten. Zum Schluß werden die Spitzen des Sterns abwechselnd einmal in Form einer Spitze und einmal mit einem v-förmigen Einschnitt zurechtgeschnitten.

Strahlen-Stern

Der Strahlen-Stern wird wie der 12-Spitzen-Stern angefertigt. Man benötigt dafür vier schmale Halme von 10 cm Länge und vier breite von 7 cm Länge. Die Halme in Sternenform übereinanderlegen und mit Zwirn umwickeln. Es arbeitet sich leichter, wenn die breiten Halme zuvor mit etwas Klebstoff fixiert werden.

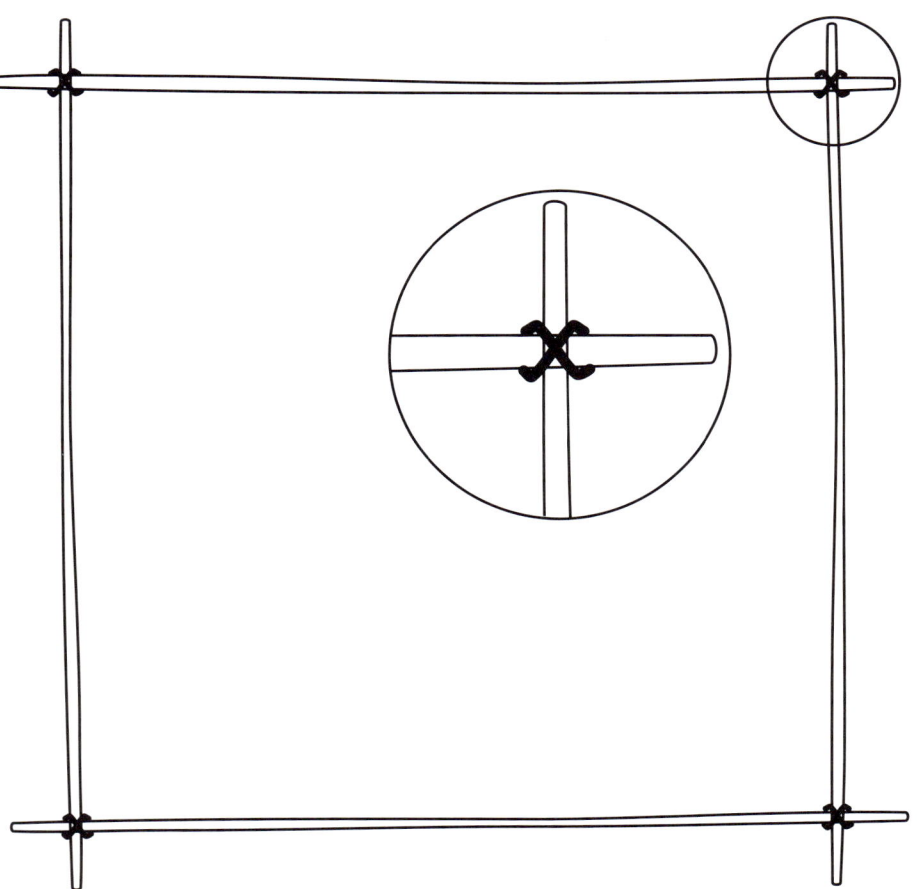

Kasten-Stern

Sehr apart wirkt der einfach her-
zustellende Kasten-Stern. Man
benötigt acht Halme von 8 cm
Länge und 16 Halme von 1,5 bis
2 cm Länge.
Aus den langen Halmen zwei Quadrate legen, deren Enden sich überschneiden. Diese Ecken mit Zwirn
kreuzförmig umwickeln und fixieren. Die fertigen Quadrate übereinanderlegen, ausrichten und mit
etwas Klebstoff fixieren. Aus den
kleinen Halmen Kreuze legen und
an den acht Ecken des Sterns mit
Klebstoff befestigen. Man kann die
kleinen Kreuze auch mit Zwirn fixieren.

Weiterführende
Ideen

◆ BUNTE STROHSTERNE: Neben dem
naturfarbenen Stroh, das durch
Bügeln dunklere Farbtöne erhält,
gibt es auch farbiges Bastelstroh
zu kaufen.

Sterne aus Salzteig

**Die Herstellung der Salzteigsterne erinnert
an das traditionelle Weihnachtsbacken.
Sie sind bei trockener Lagerung über Jahre haltbar.
Da die äußere Form vorgegeben ist,
liegt der kreative Teil bei der Bemalung.**

ALTER *ab 6 Jahren*

DAUER *2 x 1 Stunde
(ohne Trockenzeiten)*

 **MATERIAL & WERKZEUG** *2 Tassen Weizenmehl
(ca. 200 g), 1 Tasse Salz
(ca. 100 g), 1/2 Tasse Wasser
(ca. 120 ml), Rührschüssel, Wellholz, Teigausstechförmchen in
Sternform, kantige Streichhölzer
ohne Kopf, Deck- oder Abtönfarbe,
Pinsel, Geschenkband*

Herstellen der Sterne

Aus den Zutaten einen Salzteig kneten. Er sollte kaum kleben, eventuell etwas mehr Mehl und Salz zu-
geben. Auf der mit Mehl bestreuten
Tischfläche den Teig etwa 0,5 cm
dick ausrollen und mit der Ausstechform Sterne bilden. Mit einem
Streichholz dann vorsichtig in eine
Sternspitze ein Loch für die Aufhängung bohren.
Die Sterne gut trocknen lassen,
dabei auch wenden, damit sie von
allen Seiten durchtrocknen. Meist
genügt es, sie über Nacht trocknen
zu lassen, je nach Dicke des Sterns
und Konsistenz des Teiges kann es
aber auch länger dauern. Wenn
eine große Anzahl von Sternen
gefertigt wird, kann es sich lohnen,
den Trockenvorgang bei schwacher
Hitze im Backofen zu beschleunigen.

Bemalen

Die Sterne werden nach dem Trocknen bemalt, sie können dabei ganz
unterschiedlich gestaltet werden:
unifarben in Leuchttönen, mit bunten Rändern, mit Punkten, mit
Streifen oder ganz bunt. Ein
Geschenkband durch das Loch zie-

hen und die Sterne an einem
Strauß oder dem Weihnachtsbaum
aufhängen.

Weiterführende Ideen

◆ WEIHNACHTSANHÄNGER IN VERSCHIE-
DENEN FORMEN: Es lassen sich natürlich auch Herzen, Monde oder Tan-
nenbäume ausstechen und bemal-
en. Viele Kinder verzieren ihre Formen gerne mit kleinen Kügelchen
oder anderen Dekorationen aus
Salzteig. Man sollte nicht auf der
naturgemäßen Farbgestaltung der
Motive bestehen, also grüne
Bäume oder gelbe Sterne und
Monde. Die Phantasie und Kreativität der Kinder und ihre Vorliebe
für eine Vielfalt von Farben kann
sich dann frei entfalten.
◆ HERSTELLUNG VON STERNKETTEN: Als
Gruppenarbeit können Sternketten
angefertigt werden. In jeden Stern
wird dann z.B. ein einzelner Buchstabe eingeritzt, alle zusammen
ergeben einen Weihnachtsgruß.
◆ STERNE AUS MÜRBTEIG: Nicht nur
kleine Naschkatzen freuen sich
über dieses Weihnachtsgebäck.
Verziert werden die Sterne mit
Zucker- und Schokoguß.

Goldstern

Wegwerfmaterialien werden bei dieser ungewöhnlichen Werkarbeit für dekorative Zwecke weiterverwendet und als Bastelmaterial eingesetzt.

ALTER   *ab 7 Jahren*

DAUER   *ca. 25 Minuten*

MATERIAL & WERKZEUG   *saubere Einwegdöschen für Marmelade (z.B. aus Hotels, Krankenhäusern, Seniorenheimen u.ä.), Küchenmesser, Schere, Goldgarn (pro Stern ca. 2,40 m), Klebstoff*

Zuschneiden der Dose

Das Marmeladendöschen mit der Öffnung nach unten auf den Tisch legen. Mit dem Küchenmesser zunächst vorsichtig ein Loch in den Boden stechen und ihn mit der Schere sauber abschneiden. Übrigbleibt dann der Döschenrand, in den Zacken eingeschnitten werden (Zeichnung 1). Dabei sollte eine ungerade Zahl von Zacken entstehen, am besten 11 oder 13. Nach dem Schneiden die Zacken umbiegen, so daß das Sternengerüst flach auf dem Tisch liegt.

Ausgestaltung

Nun den doppeltgelegten Goldfaden um die einzelnen Zacken herumführen, wie die Zeichnung zeigt, die Mitte wird so ebenfalls gestaltet. Den Goldfaden zunächst unter einen Zacken klemmen, dabei mindestens 10 cm des Fadens herunterhängen lassen. Nacheinander alle Zacken umwickeln und den Faden dabei jeweils durch die Mitte des Sterns führen, dann die beiden Fadenenden miteinander verknoten (Zeichnung 2). Zum Abschluß den Dosenrand (Innenrand des Sterns) mit Goldgarn bekleben.

Weiterführende Ideen

◆ MIT UNTERSCHIEDLICHEN FÄDEN AUSGESTALTETE STERNE: Statt mit Goldfaden kann man die Zacken der Sterne mit jedem Garn oder Wollfaden in beliebiger Farbe umwickeln.

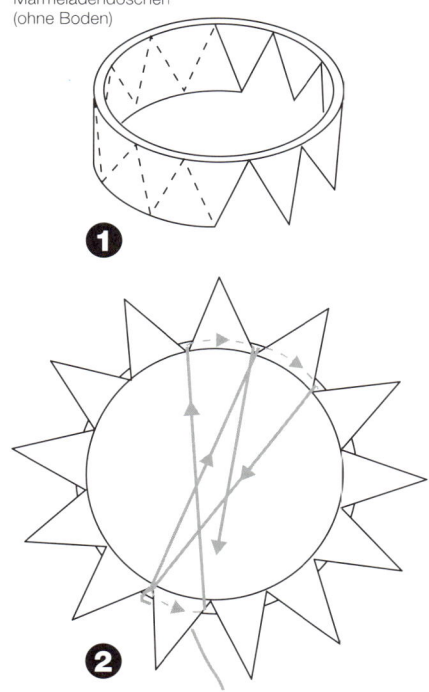

Marmeladendöschen (ohne Boden)

❶

❷

Weihnachtshampelmann

Der Hampelmann ist ein lustiges Geschenk für jüngere Geschwister. Das Verbinden der beweglichen Glieder schult das logische Denken.

 **ALTER** *ab 8 Jahren*

DAUER *ca. 2 Stunden*

MATERIAL & WERKZEUG *1 Bogen roter Tonkarton, Reste von schwarzem Tonkarton, orangefarbenes Tonpapier, Reste von weißem Papier, Schnur (Paketschnur oder festerer Wollfaden oder Ringelband), Schere, eventuell kleines spitzes Messer zum Stechen der Löcher, 7 Musterbeutelklammern, kleiner Anhänger wie Bommel oder winzige Christbaumkugel als Fadenabschluß*

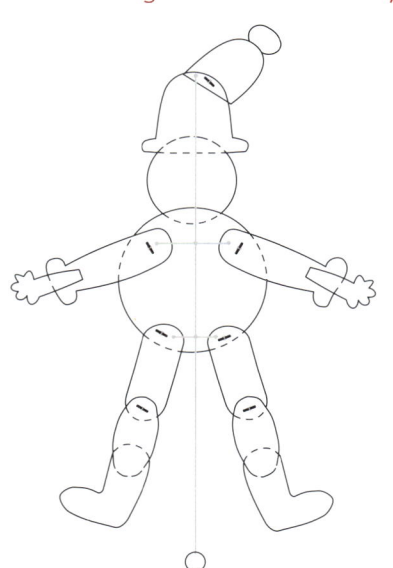

Kinder kennen den Hampelmann von frühester Kindheit an und lernen hier, eine einfache Variante selbst nachzubauen. Von besonderer Bedeutung ist natürlich die Bewegung der Figur durch den Fadenzug. Die Funktionsweise sollte daher ausführlich erläutert werden, damit die Kinder das Prinzip verstehen.

Zuschneiden der Teile

Die Größe des Weihnachtshampelmanns kann man nach dem angegebenen Grundschnitt selbst bestimmen. Die angegebene Zeichnung wird mit dem Fotokopierer auf das gewünschte Vorlagenformat vergrößert. Es sollte vor allem die Herstellung und die Fadenführung beschrieben werden. Aus rotem Tonkarton den Bauch (Kreis), jeweils zwei Beinteile (langes Oval), die Arme (langes Oval) und zwei Mützenteile ausschneiden (Zeichnung). Kopf und Hände werden aus orangefarbenem Tonpapier, die Stiefel aus schwarzem Tonkarton gefertigt.

Kleben

Die Hände und die Stiefel von der Rückseite her an die Arme und Beine ankleben (Zeichnung). Aus weißem Papier die Bommel und den Besatz an Mütze und Ärmeln zurechtschneiden und ankleben. Das Gesicht gestalten und in alle oben genannten roten Einzelteile ein kleines Loch bohren. Sie werden mit Hilfe der Musterbeutelklammern zusammengesteckt.

Spannen der Fäden

Anschließend werden die Fäden gespannt. Zunächst die beiden Querfäden und dann den senkrechten Fadenzug anbringen und mit den Querfäden verknoten (Zeichnung). Den senkrechten Fadenzug etwas länger als Zugfaden hängen lassen und unten eine kleine Christbaumkugel anknoten.

Weiterführende Ideen

◆ VERSCHIEDENE LUSTIGE HAMPELMÄNNER: Mit dem Prinzip des Fadenzugs kann man ganz unterschiedliche bewegliche Figuren herstellen, vom klassischen Hampelmann bis zum Osterhasen, aber auch Drachen und beliebte Märchenfiguren. Sie sind ein hübscher Raumschmuck und bei groß und klein beliebt.

Fasching und Frühling

Jahresplaner

Werkmodell	Schwerpunkt	Grundtechnik	Alter	Dauer	Anwendung/Bezug
Köpfe aus Leimpapier, S. 176	Formgebung	Leimpapier, S. 38	ab 6 J.	ca. 1 x 2 Std.	Funktion einer Maske, kleine Stücke schreiben und spielen, Verhüllen u. Verkleiden, Sitten u. Brauchtum
Gipsmaske, S. 178	Gipsabdruck	–	ab 6 J.	ca. 2 Std. (ohne Trocknen)	
Halbe Gesichter, S. 180	Positiv-Negativ-Formen	–	ab 7 J.	ca. 2 bis 3 Std.	Geometrie, fördert abstraktes Denken
Ohrhänger, S. 182	Modellieren u. Dekorieren	Leimpapier, S. 38	ab 9 J.	ca. 1,5 bis 2 Std. (ohne Trocknen)	auffällige Muster in der Tierwelt
Partyleuchter, S. 184	Ausschneiden u. Hinterkleben	–	ab 6 J.	ca. 2 x 45 Min.	Beleuchtungskörper/ Lichteffekte
Zauberketten aus Papier, S. 28	Falt- u. Schneidetechnik	–	ab 6 J.	je nach Motiv ab 10 Min.	Vervielfältigungs-techniken
Bild "Schmetterling", S. 74	Materialsuche	Materialdruck, S. 73	ab 6 J.	ca. 30 Min.	unterschiedliche Oberflächen und Strukturen
Bild "Spielende Kinder", S. 109	Modellieren eines Reliefs	Modellieren mit Ton, S. 104	ab 8 J.	ca. 1 Std.	Lebensraum
Grafische Muster auf Seide/Farbverläufe, ab S. 124	Gestaltung mit Konturenmittel, Muster und Strukturen mit Salz, Aquarellieren	Seidenmalerei, S. 122	ab 10 J.	ab 30 Min. (ohne Aufspannen)	unterschiedliche Gewebe-arten, Herstellung von Seide, die Seidenstraße
Bild "Schmetterling", S. 140	Wachsauftrag u. Bildgestaltung	Papierbatik, S. 141	ab 9 J.	ca. 1 Std.	Natur + Umwelt

Frühling

Jahresplaner

Werkmodell	Schwerpunkt	Grundtechnik	Alter	Dauer	Anwendung/Bezug
Propellerflieger, S. 154	Papierbearbeitung	Gestalten mit Restmaterial	ab 6 J.	ca. 10 Min.	Bau von Flugobjekten/ Was fliegt?
Bunter Blumentopf, S. 190	Motivarrangements, Gestalten mit Papier	–	ab 6 J.	pro Motiv: 10 bis 20 Min.	
Hase aus Holz, S. 192	Sägen u. Ausgestalten	Werken mit Holz, S. 85	ab 8 J.	ca. 1 Std.	Dekorationen zur Osterzeit: das Ei als traditioneller Osterschmuck
Hase aus Ton, S. 193	Modellieren u. Bemalen	Modellieren mit Ton, S. 104	ab 6 J.	ca. 30 Min. (Modellieren)	
Ostermobile, S. 194	Ausschneiden von grafischen u. geometrischen Formen	–	ab 9 J.	ca. 2 x 1,5 Std.	Hase als Symbolfigur, Hase in der Fabel, Ostergedichte und -geschichten
Eier in Karobatik, S. 196	Verzieren in Farbbädern	Gestalten von Ostereiern, S. 196	ab 6 J.	ca. 30 Min.	
Eier in Wachsbatik, S. 198	Wachsauftrag u. Gestalten		ab 7 J.	ca. 45 Min.	Funktion des Eies (Keimzelle und Nahrungsmittel)
Eier mit Bleistiftzeichnung, S. 200	Flächeneinteilung		ab 8 J.	ca. 1 Std.	
Eier mit Abtönfarbe, S. 202	Entwickeln von abstrakten Mustern		ab 8 J.	ca. 2 Std.	
Ostereierkranz, S. 204			ab 8 J.	ca. 3 x 45 Min.	

Sommer

Jahresplaner

Werkmodell	Schwerpunkt	Grundtechnik	Alter	Dauer	Anwendung/Bezug
Papier mit Luft-ballon, S. 20	freies Gestalten mit Papier	Papierschöpfen, S. 20	ab 6 J.	ca. 60 Min. (ohne Trocknen)	Wertstoffkreislauf, Recycling
Dreidimensiona-les Papierbild "Fische", S. 24	Schneidetechnik	–	ab 7 J.	pro Fisch: ca. 10 bis 15 Min.	Lebensraum: Wasser
Papierperlen, S. 32	Papierverarbeitung	–	ab 6 J.	10 Perlen: ca. 30 Min.	–
Pflanzenfarben, S. 46	Sammeln u. Zube-reiten	–	ab 9 J.	ca. 1 Std. (Farb-herstellung)	Farbtafel/Farbgewinnung aus der Natur
Bilder malen, ab S. 48	Motivsuche u. Malen	Malen mit Wachs- u. Deckfarben, ab S. 48	ab 6 J.	ca. 45 Min.	Lebensraum, Natur + Umwelt
Landschaftsbilder, S. 62	Bildkomposition	Aquarellieren, S. 62	ab 10 J.	ab 45 Min.	Natur + Umwelt
Bild "Mädchen", S. 75	Materialsuche u. Bildgestaltung	Materialdruck, S. 73	ab 6 J.	ca. 30 Min.	unterschiedliche Ober-flächen u. Strukturen
Bild "Haus mit Garten", S. 78	Herstellung d. Druckplatte	Linolschnitt, S. 76	ab 7 J.	ca. 1 bis 3 Std.	Flächengestaltung/ Vervielfältigungstechnik, Kunst des Druckens
Bild "Schwan", S. 81	Herstellung verschiedener Druckplatten		ab 7 J.	ca. 1 bis 3 Std.	
Schießfigur, S. 95	Sägen u. Aus-gestalten	Werken mit Holz, S. 85	ab 7 J.	ca. 2 Std.	Rohstoff Holz, Holzverarbeitung
Bumerang, S. 98	Sägen, Feilen u. Bemalen		ab 9 J.	ca. 3 bis 4 Std.	

Sommer

Jahresplaner

Werkmodell	Schwerpunkt	Grundtechnik	Alter	Dauer	Anwendung/Bezug
Halskette, S. 115	Ausgestaltung	Modellieren mit Ton, S. 104	ab 7 J.	ca. 45 Min.	Erdbeschaffenheit, Bodenarten
Vase, S. 116	Aufbauen mit Tonwülsten		ab 10 J.	ca. 2 Std.	
Bild "Blumen", S. 137	Wachsauftrag u. Bildgestaltung	Batik, S. 133	ab 9 J.	ca. 1 Std.	Textilgestaltung, Färbetechniken
Bild "Am Fluß", S. 139	Zeichnen mit Wachs		ab 9 J.	ca. 1 Std.	
Blechmarionette, S. 144	Werken mit Metall	Gestalten mit Restmaterial	ab 9 J.	ca. 3 Std.	Umweltschutz, Problem: Müll; Recycling
Steinbilder, S. 164	Orientierung der Bemalung an der Steinform	Gestalten mit Naturmaterial	ab 6 J.	ca. 10 Min.	natürliche Materialien u. ihre Verwendung, Rohstoffe
Sandbilder, S. 166	Färben u. Musterbildung		ab 8 J.	ca. 30 Min.	
Webbild "Lama", S. 172	Verbinden von verschiedenfarbigen Fäden	Gobelin- u. Kelimweberei	ab 9 J.	ca. 4 x 2 Std. (kleines Werkstück)	Themen: Tierwelt, Zoo
Mühle-Spiel aus Kieselsteinen, S. 163	Materialsuche u. Spielplangestaltung	Gestalten mit Naturmaterial	ab 8 J.	ca. 1 Std.	Konzentrationstraining/ Spielregeln
Perlenkette aus Salzteig, S. 168	Modellieren u. Dekorieren		ab 6 J.	ca. 2 x 2 Std.	—

Herbst

Jahresplaner

Werkmodell	Schwerpunkt	Grundtechnik	Alter	Dauer	Anwendung/Bezug
Bilder-Memory, S. 34	Motivsuche, Papierarbeit	–	ab 8 J.	ab 2 Std.	Konzentrationstraining, Betrachten u. Erinnern, Spielregeln
Kang-Memory, S. 36	Suche nach Klangmaterial, Papierarbeit	–	ab 8 J.	ab 2 Std.	Musikinstrumente bauen/ Hörtraining, Hören und Erkennen
Puppenköpfe, S. 40	Modellieren	Pappmaché, S. 39	ab 8 J.	ca. 1 x 2 Std. u. 2 x 1 Std.	Puppenspiel/Physionomie des Gesichts
Bild mit Verlaufenden Farben, S. 52	Gestalten von Mustern u. Strukturen	Malen mit Deckfarbe, S. 50 u. Pustetechnik, S. 51	ab 6 J.	ab 20 Min.	abstrakte Formen u. Muster
Papiergestaltung mit Abtönfarbe, S. 54		Malen mit Abtönfarben S. 54	ab 6 J.	ca. 15 Min.	
Schablonenbilder, S. 68 u. 69	Herstellen des Stempels, Mustergestaltung u. Bildkomposition	Spritztechnik, S. 68	ab 6 J.	ca. 30 Min.	Aussparen, Vorübung zum Drucken
Papier mit einfachem Muster, S. 71		Kartoffeldruck, S. 70	ab 7 J.	ca. 45 Min.	erstes Drucken/Thema: Kartoffel
Landschafts-Szenenbild, S. 72			ab 7 J.	ca. 45 Min.	
Bild "Häuser", S. 74		Materialdruck, S. 73	ab 6 J.	ca. 30 Min.	
Holzpüppchen, S. 93	Feilen u. Bemalen	Werken mit Holz, S. 85	ab 6 J.	ca. 2 Std.	Rohstoff Holz, Holzverarbeitung

Herbst

Jahresplaner

Werkmodell	Schwerpunkt	Grundtechnik	Alter	Dauer	Anwendung/Bezug
Lastwagen, S. 94	Sägen u. Leimen		ab 9 J.	ca. 3 bis 4 Std.	
Tukananstecker, S. 96	Sägen u. Bemalen	Werken mit Holz, S. 85	ab 8 J.	ca. 1 Std.	Rohstoff Holz, Holzverarbeitung
Kreisel, S. 97	Sägen, Bohren u. Bemalen		ab 9 J.	ca. 1 bis 1,5 Std.	
Tierfiguren, S. 113	Aushöhlen u. Modellieren	Modellieren mit Ton, S. 104	ab 9 J.	ca. 1,5 Std.	Erdbeschaffenheit, Bodenarten
Bild "Tukan", S. 141	Bildgestaltung	"Batiken ohne Risiko", S. 141	ab 9 J.	ab 1 Std.	Textilgestaltung, Färbetechniken
Papiercollagen, S. 146 u. 147	Motivsuche u. Bildgestaltung	Gestalten mit Rest-material	ab 6 J.	ab 30 Min.	Collagen zu aktuellen Themen
Fingerpuppen, S. 152	Modellieren u. Ausgestalten		ab 8 J.	ca. 1 Std.	Spielen von kurzen improvisierten Szenen
Naturcollage, S. 160	Materialsuche	Gestalten mit Naturmaterial	ab 6 J.	ca. 30 Min.	natürliche Materialien u. ihre Verwendung/ Rohstoffe
Kastanienschleuder, S. 162	Ausgestaltung		ab 6 J.	ca. 20 Min.	
Weben mit Naturmaterial, S. 170	Materialsuche u. Webtechniken		ab 9 J.	ca. 4 x 2 Std. (kleines Werkstück)	themenorientierte Materialzusammen-stellung: z.B. Wald, Strand

Winter

Jahresplaner

Werkmodell	Schwerpunkt	Grundtechnik	Alter	Dauer	Anwendung/Bezug
Papier mit eingestochenen Motiven, S. 23	Papierbearbeitung	–	ab 6 J.	ca. 5 bis 20 Min.	–
Papierfiguren, S. 26	Falt- u. Schneidetechnik	–	ab 9 J.	ca. 30 Min.	kleine Geschichten erfinden und inszenieren
Faltschachteln, S. 30		–	ab 9 J.	ca. 45 Min.	Verpackungen/Anleitungen lesen u. verstehen
Kleisterpapier, S. 56	Gestalten v. Mustern u. Strukturen	Malen mit Abtönfarbe, S. 54	ab 6 J.	ab 15 Min.	abstrakte Formen u. Muster
Marmorpapiere, S. 58 u. 59	Zufallsmuster		ab 8 J.	ab 30 Min.	Harmonie + Disharmonie
Briefpapier mit marmoriertem Rand, S. 60	gezielte Gestaltung	Marmorieren, S. 58	ab 8 J.	ab 30 Min.	Schreiben eines Gedichtes, Schrift
Sparschwein, S. 108	Aushöhlen u. Gestalten	Modellieren mit Ton, S. 104	ab 9 J.	ca. 1 Std.	Erdbeschaffenheit, Bodenarten
Duftlicht, S. 117	Aufbauen mit Tonplatten		ab 10 J.	ca. 2 Std.	
Mobile, S. 148	Materialsuche	Gestalten mit Restmaterial	ab 8 J.	ca. 3 x 2 Std.	Umweltschutz, Problem: Müll; Recycling, natürliche Materialien u. ihre Verwendung, Rohstoffe
Fühlkasten, S. 150	Suche geeigneter Gegenstände		ab 6 J.	ca. 2 Std.	
Kerzengießen, S. 156	Wachsarbeiten		ab 6 J.	ca. 1 bis 2 Std.	

Winter

Jahresplaner

Werkmodell	Schwerpunkt	Grundtechnik	Alter	Dauer	Anwendung/Bezug
Knusperhäuschen, S. 208	Gestalten von Zuckerwerk	–	ab 8 J.	ca. 20 Min.	
Weihnachtskarten aus Tonpapier, S. 210	Poitiv-Negativ-Technik	–	ab 6 J.	ca. 10 bis 20 Min.	
Grußkarte mit Wellpappe, S. 212	Verarbeitung v. Verpackungspapieren	–	ab 6 J.	ca. 10 Min.	
Faltstern aus Transparentpapier, S. 216	Gestalten mit Papier	–	ab 7 J.	ca. 30 Min.	Dekorationen zur Weihnachtszeit
Stern aus Furnierholz, S. 218	Gestalten mit natürlichem Material	–	ab 9 J.	ca. 30 Min.	Tradition u. Brauchtum
Strohsterne, S. 220	filigrane u. geometrische Formgebung	–	ab 6 J.	ca. 30 Min.	Weihnachtsgedichte u. -geschichten
Goldstern, S. 226	Gestalten mit Verpackungsmaterial	Gestalten mit Restmaterial	ab 7 J.	ca. 25 Min.	
Weihnachtshampelmann, S. 228	Papierbearbeitung, Mechanik	–	ab 8 J.	ca. 2 Std.	
Adventkalender, S. 214	Papier u. Resteverwertung	Gestalten mit Restmaterial	ab 6 J.	ca. 2 Std.	
Sterne aus Salzteig, S. 224	Modellieren u. Dekorieren	–	ab 6 J.	ca. 2 x 1 Std. (ohne Trocknen)	

Hier zeigen wir Ihnen eine Auswahl unserer beliebten und erfolgreichen Bücher — und wir haben noch viele andere im Programm. Wir informieren Sie gerne, fordern Sie einfach unsere Themenprospekte an:

■ Bücher für Ihre Kinder:

Basteln, Spielen und Lernen mit Kindern

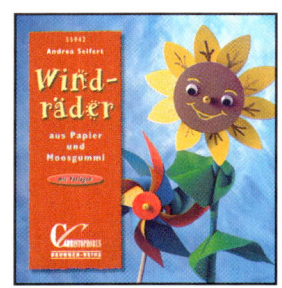

Wir sind für Sie da, wenn Sie Fragen zu AutorInnen, Anleitungen oder Materialien haben.
Und wir interessieren uns für Ihre eigenen Ideen und Anregungen. Faxen Sie, schreiben Sie oder rufen Sie uns an.
Wir hören gerne von Ihnen!
Ihr Christophorus-Verlag

Christophorus
Bücher mit Ideen

Hermann-Herder-Straße 4
79104 Freiburg i. Breisgau
Telefon: 0761 / 2717-268 oder
Fax: 0761 / 2717-352

Die Autorinnen

**Sabine Latorre
und Annerose Naber**

Als Grund- und Hauptschullehrerin
bzw. Erzieherin setzen wir uns
bereits seit vielen Jahren theo-
retisch und praktisch mit Werkarbeiten für Kinder auseinander.
Dabei ist der pädagogische Wert
für uns von großer Bedeutung.
Die in Studium und Ausbildung
erlernte Theorie konnten wir
zunächst in Schulen und Kinder-
gärten praktisch umsetzen.
Später waren wir als Leiterinnen
von öffentlichen Einrichtungen für
die Kinder- und Jugendarbeit tätig
und konnten so experimentell
arbeiten.
Jahrelange Erfahrungen haben uns
gezeigt, wo die Stärken und
Schwächen im Werkbereich liegen
und wie man diese kreative Betäti-
gung durch entscheidende Hinweise beeinflussen kann.

ÖKO-TEST/Ökologische
Verbraucherberatung e.V.
Postfach 90 07 66
60447 Frankfurt
Tel.: 069/97777-119

Umweltbundesamt
Postfach 30 00 22
14191 Berlin
Tel.: 030/89030

© 1996 Christophorus-Verlag GmbH
Freiburg im Breisgau

Alle Rechte vorbehalten -
Printed in Germany

ISBN 3-419-55101-0

4. Auflage 1999

Fotos: Klaus Damm, Eberbach
Reinzeichnungen:
Uwe Stohrer, Norsingen
Umschlaggestaltung und Layout:
Network!, München
Produktion:
Print Produktion, Freiburg
Druck: Himmer, Augsburg, 1999